이야기로 떠나는 가야 역사여행

이야기로 떠나는 가야 역사여행

초판 제1쇄 발행 2009. 3. 20.
초판 제5쇄 발행 2023. 5. 3.

지은이 이영식
펴낸이 김경희
펴낸곳 (주)지식산업사
본사 ● 413-832, 경기도 파주시 광인사길 53(문발동 520-12)
전화 (031)955-4226~7 팩스 (031)955-4228
서울사무소 ● 110-040, 서울시 종로구 자하문로6길 18-7(통의동 35-18)
전화 (02)734-1978 팩스 (02)720-7900
한글문패 지식산업사
영문문패 www.jisik.co.kr
전자우편 jsp@jisik.co.kr
등록번호 1-363
등록날짜 1969. 5. 8.

책값은 뒤표지에 있습니다

ISBN 978-89-423-1121-7 03910

이 책에 대한 문의는
지식산업사 전자우편으로 해 주시길 바랍니다.

이야기로 떠나는

가야 역사여행

이영식

지식산업사

가야 역사 여행안내

여행을 떠나기 전에

김해(가락국)

부산(거칠산국, 장산국)

고령(가라국 · 대가야)

합천(다라국)

가야 역사 여행지도

김해

부산

고령

합천

창녕

함안

고성

경 상 북 도
가야산
고령
황강
창녕
합천
낙동강
지리산
남강
경 상 남 도
함안
김해
부산
섬진강
고성

여행을 떠나기 전에

1. 옛 가야 지역의 흔적을 따라서

여러분은 역사공부가 재미있었습니까? 혹시 연대나 왕의 이름, 그리고 사건 등을 외우기만 해야 하는 지겨운 과목쯤으로 생각되지는 않았는지요? 더군다나 개인의 행복은 안중에도 없이 민족과 국가를 위한다는 신성한(?) 구절만을 외쳐야 하는 부담으로 남지는 않았는지요? 원래 역사란 그렇지도 않은데, 우리의 역사는 왜 이렇게 재미없는 것이 되었을까요? 역사소설은 재미있는데, 역사는 재미없다고 합니다. 대중에게 위안을 주고, 문화로서 공유할 수 있는 역사가 적은 우리 현실이다 보니, 이런 불평은 너무도 당연합니다. 우선은 역사학자들의 책임이겠지요. 연구축적의 부족에 학문적 방법과 기술만 중하게 여겨 왔던 잘못 때문입니다. 연대와 사건 이름 정도로 구성된 역사는 X선 사진 같습니다. 이런 사진에서 매력을 느끼기는 어렵겠죠.

저자인 제가 선생님들께 가야에 대해 배웠던 것은 가야금이란 이름 정도에 지나지 않았습니다. 김해평야의 농업생산력이 가야왕국 발전의 원동력이었다고 쓰면 만점이었습니다. 그러나 이제 학생들의 이러한 답안은 '빵점'을 받을 수밖에 없습니다. 가야시대에 김해평야는 바다였기 때문입니다. 지난 25년 동안에 비약적으로 발전한 연구를 통해 지금까지 알려졌던 가야의 역사는 완전히 달라졌습니다.

다행히 이제는 그러한 연구에 힘입어, 젊은 역사학자들을 중심으로 '쉽게 씌어 읽히는 역사, 읽으며 즐길 수 있는 역사, 즐기며 느낄 수 있는 역사'를 추구하는 움직임도 활발해지고 있습니다.

학문적 연구와 대중적 교육의 역사 모두에 동등한 의미를 두려는 움직임들입니다. 저 또한 이러한 경향에 찬동하고 그에 관련되는 약간의 활동을 해 오고 있습니다만, 이번에 여러분과 함께 떠나려는 이야기 가야사 여행도 그러한 기획의 하나가 될 것입니다.

우리가 함께 이야기로 떠나는 가야사 여행은 영남 지역의 역사를 되돌아보고 지역의 전통이나 문화유산을 이해하는 일도 되지만, 우리 고대사의 잘못을 바로잡거나 공백을 메우는 작업도 될 것입니다.

여행의 순서는 이렇게 잡기로 하겠습니다. 우선 여행을 떠나기 전에 아주 간단하게 가야사를 이야기하고, 가야사가 펼쳐졌던 대강의 줄거리와 함께, 우리나라와 일본열도 여기저기에 흩어져 있는 가야 문화의 흔적을 따라, 거기에 얽힌 가야인들의 사연을 이야기하는 여행을 차근차근 떠나 보려 합니다.

2. 최초의 영남인?

오늘날의 영남 지역에서 처음 사람들이 마을을 이루며 살았던 흔적은 무려 7천 년 전 이상 올라갑니다. 최근에 경남 창녕 부곡온천의 아랫동네에서 발굴조사된 비봉리(飛鳳里) 유적에서는 통나무배와 많은 조개껍질, 도토리와 망태기 등이 발견되었습니다. 통영의 연대도(烟臺島), 부산의 동삼동(東三洞)과 범방동(凡方洞), 김해의 수가리(水佳里)와 같은 조개무지, 곧 패총(貝塚) 유적에서는 5천

범방 패총

또는 4천5백 년 전부터 소규모의 집단을 이루며 살았던 사람들의 흔적들이 확인되고 있습니다. 우리 민족의 시조 단군이 고조선을 세우던 무렵입니다. 이러한 패총들은 '최초의 영남인' 들이 쓰다 버렸던 쓰레기들이 조개껍질과 함께 쌓여 생긴 유적입니다. 그때 사람들은 많은 양의 조개껍질과 함께 못쓰게 된 여러 가지 생활도구들도 버렸습니다. 현대 우리들의 쓰레기장에서 우리 생활의 단면을 잘 살펴볼 수 있듯이, 이러한 패총들은 '최초 영남인' 들의 삶을 엿볼 수 있는 귀중한 자료가 됩니다.

2002년에 문을 연 부산 영도(影島)의 동삼동 패총 전시관에 가면, '최초 영남인' 들의 생활을 살펴볼 수가 있습니다. 많은 조개류를 비롯해, 뗀석기 · 간석기 · 숫돌과 같은 석기들, 돋을새김무늬와 빗살무늬의 토기들, 동물 뼈로 만든 낚싯바늘 같은 뼈연장들이 있습니다. 40여 종이나 되는 조개류의 대부분은 바다에서 채집되는 것들입니다. 지금은 남해고속도로와 부산경남경마장의 건설로 사라져 버린 경남 김해의 수가리 패총과 부산 강서의 범방 패총에서도 이와 비슷한 내용이 확인되고 있습니다. 범방 패총에서는 키 130센티미터에 11~13세 정도로 추정되는 어린이의 뼈(인골)도 발견되어, '범방아이' 란 이름이 붙여지기도 하였습니다. 아마도 영남 지역에서 가장 오래된 어린이의 모습으로 생각해도 좋을 것입니다.

이렇게 패총 유적을 남긴 남해안의 신석기시대 사람들은 사냥(수렵)과 물고기잡이(어로)를 중심으로 생활하였고, 본격적인 농사는 아직 몰랐습니다. 하지만 바닷가 모래밭에 꽂아 쓰기 편리한 뾰족 바닥의 그릇을 만들었고, 조개로 만든 팔찌나 발찌 같은 장신구로 멋을 부리기도 하였습니다. 그들은 또한 '최초의 그릇' 을 고안한 사람들이기도 합니다.

아울러 대한해협을 건너 일본열도의 왜인들과 교류하고 있었던 사실을 잊어서는 곤란합니다. 통영 · 부산 · 김해의 패총 유적에서 발견되는 흑요석(黑曜石)으로 만든 화살촉은 까맣고 반질반질한 화산암으로 만든 것입니다. 간단하게 쪽이 떨어져 쉽게 날을 세울 수 있는 재질이라 화살촉의 재료로 환영받았던 모양입니다. 그러나

흑요석 화살촉(통영 연대도)

정작 이러한 화산암이 남해안에서 나는 것은 아닙니다. 성분 분석을 해보니 이것은 화산이 많은 일본 규슈(九州) 북서부의 고시타케(腰岳) 같은 지역에서 수입된 것으로 여겨지고 있습니다.

그렇습니다. '최초의 영남인' 들은 이미 5~6천 년 전부터 대한해협을 건너 일본열도와 교류하고 있었던 것입니다. 부산 영도의 동삼동 패총에서는 통나무배 모양의 토기와 함께 일본열도에서 만들어진 조몬 토기(繩文土器)도 출토되었습니다. 오늘날까지 말도 많고 탈도 많은 한일관계사의 시작이었던 셈입니다.

3. 가야사의 시간과 무대

가야사의 의미

가야의 역사는 2천 년 전에 남쪽 바닷가(해안) 지역에서 시작되었고, 1천4백 년 전에 북쪽 내륙지역에서 끝이 났습니다. 흔히 6가야로 알려져 있지만, 이는 《삼국유사》를 저술했던 고려시대 일연스님의 생각일 뿐입니다. 《삼국지》·《삼국사기》·《일본서기》 등의 문자기록인 역사책과 가야 지역에서 나온 고고학 자료에 비추어 보면, 12개 이상의 나라들이 각기 독립된 역사를 누렸음을 알게 됩니다. 이 나라들은 고구려·백제·신라 삼국과 무려 6백 년 동안이나 어깨를 나란히 했던 독립국들이었습니다. 가야가 멸망하는 것은 백제와 고구려가 신라에 통합되기 꼭 백 년 전의 일이었습니다. 백 년 먼저 망한 것과, 그 6배나 되는 6백 년 동안 함께 우리 고대사를 이루어 왔던 역사 가운데 어느 쪽에 더 중요한 의미를 두어야 하는지는 분명할 것입니다. 이렇게 간단한 산술의 의미조차 존중되지 못했기 때문에 가야의 역사는 홀대받아 왔습니다.

삼국시대(三國時代)라는 말이 대표적입니다. 우리의 고대사를 고구려·백제·신라 삼국만의 역사로 생각해 왔던 까닭에 가야의 역사는 빠지고 말았습니다. 가야사의 탈락은 우리 고대사의 이 빠진 복원을 뜻하고, 6백 년 동안이나 가야로 불렸던 고대의 부산과 경남, 그리고 경북과 전라도 일부의 역사가 무시됨을 뜻합니다. 이렇게 우리가 가야사를 거의 버려두다시피 하고 있을 때 일본은 가야사 탈락의 공백을 '임나(任那)일본부설'과 같은 식민사관으로 파고들었습니다. 이제 우리 역사에서 가야사의 의미를 새롭게 되돌아 살펴보아야 할 때가 왔습니다.

가야사의 시간과 무대

보통 가야사는 서기 400년에 고구려의 광개토대왕이 5만의 군사를 휘몰아 가야를 공략했던 사건을 전환점으로 앞시기(전기)와 뒷시기(후기)로 나눕니다. 전기 가야에는 경남 김해의 가락국(駕洛國, 금관가야)이 선진이었고, 후기 가야에서는 경북 고령의 대가야(大加耶)가 중심이었으며, 경남 함안의 아라국(阿羅國)은 전기와 후기 모두 큰 세력이었습니다. 전기에는 남해안의 동래·김해·창원·마산·함안·고성·사천·진주 등이 남해의 바다를 통해 전해지던 선진문물을 바탕으로 번성하였고, 후기에는 고령·합천·창녕·함안·의령·산청·거창·함양 등의 서부경남을 중심으로 가야 문화의 꽃을 피웠습니다.

《삼국유사》는 가야사의 무대를 해인사가 있는 가야산에서 남해까지, 낙동강에서 지리산까지로 기록했습니다만, 낙동강 동쪽의 부산·양산·창녕, 그리고 지리산 서쪽의 진안·장수·임실·남원·순천 등에서도 가야의 유적과 유물이 확인되고 있습니다. 경남과 부산 지역을 중심으로, 경북과 전라도의 일부가 가야의 역사가 전개되었던 무대였습니다. 이러한 지역들은 많은 산과 강으로 둘러싸인 분지로, 분지마다 별개의 가야국들이 자신의 역사를 만

가야 제국(諸國)

들어 가기에 좋았습니다. 다만 이러한 조건은 가야가 끝내 통일왕국을 이룰 수 없었던 한계로도 작용하게 됩니다.

가야라는 이름

"가야의 이름이 너무나 많은데, 도대체 어느 게 옳은 겁니까? 또 그것들은 무슨 뜻입니까?"

가끔 옛 가야 지역에서 가야사를 연구하는 분들조차도 이렇게

물을 때가 한두 번이 아닙니다. 그러면 저는 이렇게 대답합니다.

"모두가 옳습니다. 그것들은 가야의 여러 나라를 아울러 가리키거나, 각각의 나라를 가리키는 이름들이기 때문입니다."

끝내 통일왕국을 이루지 못했기 때문에, 12개가 넘는 여러 나라의 이름이 있었고, 가야인들이 자신들의 기록을 남기지 못했으니, 고구려 · 백제 · 신라와 왜국과 같은 제3자가 부르던 이름에다, 통일신라 · 고려 · 조선시대를 거치면서 후대에 붙여진 이름들까지 있습니다.

'가야'는 '가라(加羅)'에서 온 말입니다. '가라'는 '겨레'에서 비롯되었다는 주장도 있지만, 산과 들의 자락에 터를 잡고 있던 마을을 뜻하는 우리의 옛말에서 온 것으로 생각하는 것이 좋을 듯합니다. 마을이란 일반명사가 특정국의 고유명사로 정착하게 된 것입니다. 그렇기 때문에 경남 김해의 '가락국'은 '가라의 나라'입니다. '나라의 말씀'이 '나랏 말씀'으로 표기되던 것과 같은 원리입니다.

가야의 한자는 '加耶(신라)'→'伽耶(고려)'→'伽倻(조선)'와 같이, 시간이 지나면서 사람 인(人) 변이 하나씩 더해졌습니다. 합천의 가야산이나 함안의 가야읍을 '伽倻'로 쓰는 것은 가장 늦게 사용되던 조선시대의 표기가 남았기 때문입니다. 가야의 한자식 표기 '加耶'에는 뜻이 없습니다. 백 사람이 한강을 건넜기 때문에 백제(百濟)라 했다든지, 새로 나라를 세웠기 때문에 신라(新羅)라 했다는 것과는 다르게, 마을을 뜻하는 순수 우리말의 소리만 전하면 되는 표현입니다. 따라서 가장 오래되고 가장 간단한 '加耶'의 한자표기가 좋을 것입니다.

《삼국지》는 12개의 가야국이 있었음을 전하고 있습니다만, 우리가 잘 아는 '금관가야(김해)·대가야(고령)·아라가야(함안)'와 같은 이름은 없습니다. ㅁㅁ가야는 신라와 고려시대에 붙여졌던 이름들로, 정작 가야 사람들은 몰랐던 이름입니다. 그렇기 때문에 가야 각국을 부를 때는 가락국·가라국·아라국처럼 쓰는 것이 옳습니다. 언제나 고대의 한일관계에서 문제가 되고 있는 '임나'는 《일본서기》가 고대 일본의 가야지배를 꾸미기 위해 썼던 것으로 생각하지만, 그렇지는 않습니다. 고구려의 '광개토왕릉비(중국 집안, 414년)', 신라의 '진경대사탑비(경남 창원, 932년)'에도 씌어 있습니다. '임나'는 가야 여러 나라들이 경남 김해와 경북 고령을 높여 '님[主]의 나라'로 부르던 것에서 비롯된 가야의 대명사입니다. 지금의 대가야는 경북 고령으로 통하지만, 원래 가야사에는 2개의 대가야가 있었습니다. 전기 가야(1~4세기)에는 김해가 '큰 가야'였고, 후기 가야(5~6세기)에는 고령이 '큰 가야'였습니다. 나중의 '큰 가야'가 고령이었기 때문에 지금 그렇게 부르고 있을 뿐입니다.

원래 입문이란 게 꼭 필요는 하지만, 별로 재미는 없습니다. 이제부터 가야의 유적들을 찾아 나서면서 거기에 얽힌 가야 사람들의 사연을 이야기하는 본격적인 역사 여행을 떠나보도록 하겠습니다.

김해 (가락국)

4. 구지봉에서 시작되는 가야사

가야사의 고향

거북아 머리를 내어라 그렇지 않으면 구워서 먹겠다

이 노래를 모르는 이는 아마도 거의 없을 것입니다. 이 노래는 지금부터 2천 년 전, 가락의 아홉 촌장들이 모여 가락국을 세우는 수로왕(首露王)을 맞이하며 불렀다는 〈구지가(龜旨歌)〉입니다. 그렇지만 가락국의 건국신화에 나오는 이 노래의 내용이 가락국의 탄생과 가야사의 시작을 보여주는 것임을 아는 사람은 그리 많지 않을 것입니다.

김해 시내에서 진영으로 나가는 국도가의 허왕후릉 옆에 자리한 구지봉(龜旨峰)은 〈구지가〉가 불렸던 무대였습니다. 지금은 그 봉우리 끝자락에 국립김해박물관이 있어 박물관 뒤편의 낮은 언덕이라고 하는 편이 찾기 쉬울 것입니다. 예전에는 여섯 개의 알을 본뜬 석조기념물이 있었습니다. 가락국을 세우기 위해 다른 다섯과 함께 가장 큰 알로 하늘에서 내렸다는 수로왕의 건국신화를 표현한 것입니다. 1970년대에 김해 시민들이 세웠던 것입니다만, 얼마 전 유적이 아니라고 철거되었고, 새로 세운 구지봉 입석(立石)과 신단수(神檀樹), 그리고 제가 글을 쓴 검고 네모난 표지석이 구지봉임을 알려주고 있습니다.

그러나 진짜는 따로 있습니다. 구지봉 남쪽 끄트머리 소나무 숲

구지봉 입석 · 표지석(위), 고인돌(아래)

안에 있는 평평하고 널찍한 돌이 그것입니다. 5~6개의 짧고 둥근 돌로 고여진 뚜껑돌은 무려 2천2백 년 전에 만들어진 고인돌[支石墓]입니다. 뚜껑돌 위에는 구지봉석(龜旨峰石)이란 글씨가 깊게 새겨져 있는데, 한석봉(韓石峰)의 글씨라고도 전해지고 있습니다. 그 진위를 가리는 것이야 〈TV 진품명품〉의 몫일지도 모르겠지만, 이 고인돌이야말로 〈구지가〉가 노래되고, 수로왕이 김해에 가락국을 세우던 역사적 현장을 지켜본 살아있는 증인입니다.

왜냐구요? 《삼국유사》 〈가락국기〉에 따르면, 수로왕이 김해에 등장하여 가락국을 세웠던 해는 서력 기원(A.D.) 42년이었습니다. 그러나 이미 기원전(B.C.) 2세기가 되면, 남해안 지역에서도 구지봉석과 같은 고인돌은 더 이상 만들어지지 않습니다. 따라서 구지봉의 고인돌이 아무리 늦게 만들어졌다고 해도 기원전 2세기보다 더 내려올 수는 없습니다. 그러니까 구지봉의 고인돌은 적어도 수로왕이 나타나기 250년 전에는 만들어져 있던 것이라서, 수로왕이 등장할 때에도 지금 같은 모습으로 자리하고 있었을 겁니다. 그러니 구지봉의 고인돌이야말로 가락국의 성립을 지켜 본 살아있는 증인이 아니고 무엇이겠습니까?

가락의 아홉 촌장들

그런데 이러한 고인돌이 구지봉에만 있는 것은 아닙니다. 전남북 지역에는 무려 2만 기(基) 이상의 고인돌이 있고, 김해에서도 수십 기가 확인되고 있습니다. 김해 장유면 옛 시가지의 중심에는 광석(廣石) 마을이 있습니다. 넓을 광(廣), 돌 석(石)이란 마을 이름은 길이 7미터, 높이 3미터나 되는 엄청나게 큰 고인돌에서 비롯되었습니다. 1960년대에는 주변의 여러 고인돌이 발굴되었고, 거기에서는 세형동검(細形銅劍), 대롱옥[管玉], 간돌칼[磨製石劍] 등이 출토되었습니다. 국립중앙박물관 전시실의 거의 처음을 장식하고 있는 부여 송국리 유적의 출토품과 비슷한 세트가 광석 마을의 고인돌에서도 출토된 것입니다. 이와 같이 고인돌에서 청동기(靑銅器)는 출토되지만, 철기(鐵器)는 아직 출토되지 않습니다. 따라서 고인돌은 철기 이전의 청동기시대 사람들이 조상을 묻기 위해 만들었던 무덤임이 확인되는 셈입니다.

그런데 수로왕이 김해 지역을 장악하고 처음으로 나라를 세울 수 있었던 바탕은 철을 다루는 선진기술을 보유하고 있었기 때문입니다. 김해(金海)의 '쇠[金], 바다[海]'라는 이름은 지금의 김해평야 일대가 바다였다는 것과, 가락국에서 철이 많이 생산되었음에서 비롯된 것이었습니다. 그러니까 구지봉의 고인돌을 비롯해 김해 지역에 고인돌을 세웠던 사람들은 수로왕 집단과는 아무 관계가 없는 수로왕 이전 시대의 사람들이었습니다.

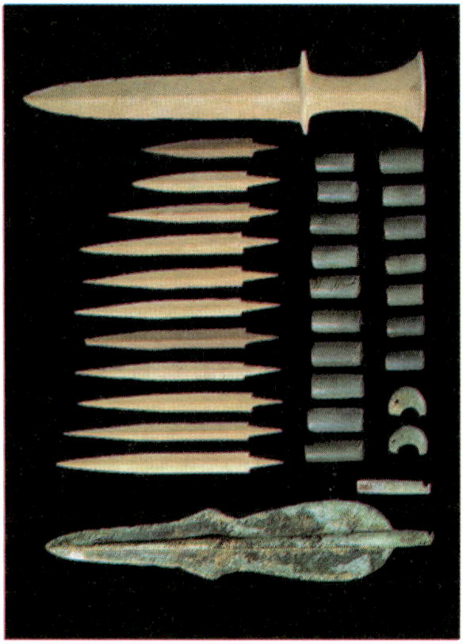
송국리 석관묘 출토 유물_국립중앙박물관

그러면 어떤 사람들이었을까요? 가락국의 건국신화에서는 구간(九干)이라 부르는 가락의 아홉 촌장들이 〈구지가〉를 부르면서 수로왕을 맞이했다고 되어 있습니다. 그렇습니다. 김해 지역에는 수로왕 이전에도 사람들이 모여 살고 있었고, 각 집단들을 아홉 촌장이 이끌고 있었던 겁니다. 따라서 우리는 이러한 사회를 가락국 성립 이전의 구간사회(九干社會)라고 부를 수 있을 것입니다. 구간사회는 우리 겨레의 가장 오래된 무덤형식의 하나인 고인돌을 만들었고, 청동기를 무기(武器)나 제기(祭器)와 같은 상징으로 사용하던 시대였습니다. 이러한 사회가 김해 지역에서 종말을 고하는 것은 고인돌이 더 이상 만들어지지 않는 기원전 2～1세기쯤이 되지만, 그 이전 몇 백 년 동안의 청동기시대에는 아홉 촌장이 지도하는 부족사회 또는 부족연합사회가 계속되었던 것입니다.

〈구지가〉는 각색되었다

우리는 아직도 구지봉의 고인돌 앞에 서 있습니다. 이제부터 〈구지가〉와 김해의 고고학 자료들이 말하는 가야사의 시작에 대해 좀 더 본격적으로 얘기해야겠습니다. 그런데, 〈구지가〉는 누가 불렀다고 했지요? 가락의 아홉 촌장들이 불렀다고 했습니다. 그렇다면 구지가는 부족연합 단계인 구간사회의 굿판에서 불리던 노래였을 것입니다. 그러나 우리가 알고 있는 〈구지가〉에서는 "머리를 내어라"라고 했고, 그래서 나타난 (우두)머리가 수로(首露)였습니다. '머리 수(首)'에 '나타날 로(露)'가 수로왕의 이름이 되었던 거지요. 따라서 현재 전해지는 〈구지가〉는 구간사회의 노래가 아니고, 가락국의 성립과 수로왕의 등장을 신성하게 꾸미는 노래로 되어 있습니다. 청동기문화 단계였던 구간사회의 〈구지가〉가 철기문화 단계인 가락국의 〈구지가〉로 각색되었던 것입니다.

위협주술의 〈구지가〉

이러한 사실은 〈구지가〉와 비슷한 고대의 노래에 비교해 보면 더욱 명확하게 드러납니다. 〈구지가〉는 고대인들이 소망을 빌 때 읊

동래 복천동 10 · 11호분 출토 기대(그릇받침)와 단경호, 기대 세부_부산대박물관

조렸던 주술(呪術, magic)의 노래였습니다. 주술의 형태에는 여러 가지가 있지만, 〈구지가〉는 위협주술 또는 협박주술의 형식입니다. "머리를 내어라 그렇지 않으면 구워서 먹겠다" 이거야말로 협박이나 위협이 아니고 무엇이겠습니까? 이때 위협을 당하는 대상은 거북이였습니다. 이러한 위협주술의 패턴은 세계적이지만, 우리 고대사회의 예를 들어보겠습니다. 부여와 고구려에서는 산신(山神)에게 어떤 기원을 하고자 할 때, 사슴을 잡아 나무에 거꾸로 매달고는 창으로 꾹꾹 찔러 가며 주술을 외웠습니다. 백제에서는 천신(天神)에게 기원을 하기 위해 매를 잡아 좁은 틀 안에 가두고, 물과 먹이도 주지 않으면서, 주술의 노래를 불렀습니다.

어떻습니까? 산신에게 기원할 때는 산짐승인 사슴을 위협하고, 천신에게 빌 때는 하늘과 땅을 오가는 매를 붙잡아 괴롭히지 않습니까? 그렇습니다. 기독교인들이 하느님께 기원할 때 '우리 주 예수 그리스도의 이름으로 기도 드립니다'라고 하는 것처럼, 인간이 신에게 직접 기도하며 구하는 것이 아니라 신과 인간을 연결해 주는 매개자[messenger]를 거치는 것이 보통입니다. 따라서 고구려인과 백제인들은 사슴과 매를 산신과 천신의 매개자로 파악하고, 그들을 위협하거나 괴롭히면서 주술을 외우면, 각 신들이 자신의 매개자를 불쌍히 여겨, '괘씸한 놈들'이라고 하면서도 인간의 소원을 들어준다고 생각했던 것입니다.

가락국의 탄생

이제 다시 〈구지가〉로 돌아가 봅시다. 위협을 당하고 있는 동물은 거북입니다. 그런데 거북을 위협한 결과로 이루어진 소원은 하늘에서 수로왕이 내려오는 것이었습니다. 무언가 사리에 맞지 않는 부분이 있습니다. 위협을 당하는 거북은 바다동물인데, 소원을 들어주는 것은 천신으로 되어있습니다. 여기서 우리는 현재의 〈구지가〉를 누군가가 각색했음을 다시 확인할 수 있는 겁니다. 위협주술의 패턴대로라면, 거북을 위협하면서 기원하는 대상은 천신이 아니라 해신(海神)이 되어야 마땅할 것입니다. 사실은 이 패턴에 꼭 맞는 주술의 노래도 전해지고 있습니다. 신라 성덕왕 때 동해 용왕이 미모를 탐내 납치해 간 수로부인(水路夫人)을 구하기 위해, "거북아 거북아 부인을 내어라 그렇지 않으면 구워서 먹겠다"는 주술노래를 불렀고, 그 기원은 이루어졌습니다. 동해 용왕의 해신과 위협당하는 바다동물 거북이란 매개자가 일치하고 있습니다. 똑같은 노래지만, 거북을 협박했는데 하늘이 들어주는 김해의 〈구지가〉와는 다릅니다. 수로부인의 주술노래가 원형대로이고, 수로왕의 주술노래는 각색된 결과입니다.

결국 이 이야기는 이렇게 정리할 수 있습니다. 수로왕이 등장하기 이전의 구간사회인들은 구지봉의 고인돌을 우러러보며 봄과 가을에 굿판을 벌였습니다. 굿판을 벌이는 봉우리, 그래서 '굿봉' 곧 구지봉입니다만, 이때 거북이를 위협하면서 해신에게 많은 생선과 조개가 잡히게 해달라고 빌었습니다. '(우두)머리를 내어라'가 아니라, 많은 해산물을 잡을 수 있도록 비는 풍요제의(豊饒祭儀)에서 부르던 노래가 원래의 〈구지가〉였습니다. 그런데 수로왕이 선진의 철기문화를 가지고 김해 지역에 등장하여 가락국을 세우고 보니, 자신의 출신을 신성시할 도구가 필요하게 되었습니다. 건국신화의 창작입니다. 마침 김해의 선주민이었던 구간사회인들이 가장 신성시하는 장소인 구지봉과 주술의 노래 〈구지가〉가 있었습니다. '됐다! 이 장소에, 이 노래에, 내가 출현한 이야기를 담아보자' 그래서 원래 〈구지가〉의 '해산물'은 '우두머리'로 둔갑하였고, 거북을 괴롭혔는데 해신이 아닌 천신이 소원을 들어주는 우스꽝스런 모양이 되었던 것입니다.

물론 가야시대라고 거북이 하늘을 날았을 리는 없을 겁니다. 또

수로왕이 이러한 사실을 몰랐을 리도 없습니다. 그럼에도 수로왕은 '하늘에서 내려온다'는 요소를 버릴 수는 없었습니다. 건국시조가 하늘에서 내려왔다는 천강신화(天降神話)는 단군신화나 일본의 건국신화와 같이, 다른 지역에서 선진문물을 가지고 들어와 지역을 통합했던 사람들의 이야기입니다.

수로왕 집단이 선진의 철기문명을 가질 수 있었던 것은, 기원전 108년에 한(漢)에게 멸망당한 위만조선의 후예였기 때문이었습니다. 자신의 신성화를 위해 〈구지가〉의 각색은 필요하였지만, 원래의 출신은 버릴 수 없었던 것입니다.

무덤은 말한다

다시 이러한 사실은 김해 지역의 고고학적 증거들로 설명될 수 있습니다. 청동기시대의 구간사회인들이 만든 고인돌은 김해의 온 지역에 고르게 분포하고 있고, 각지에서 출토되고 있는 부장품(副葬品)들에서 분명한 우열의 관계는 인정되지 않습니다. 이러한 고인돌의 분포나 유물들에서 볼 때, 아홉 촌장이 나누어 이끌던 부족연합의 구간사회를 짐작해 볼 수 있습니다. 그런데 가락국의 성립과 함께 만들어지는 목관묘(木棺墓, 널무덤)와 목곽묘(木槨墓, 덧널무덤)에서 처음으로 철기가 나타나기 시작합니다. 이러한 목관묘와 목곽묘 또한 김해 지역에 고르게 분포하기는 하지만, 김해시 중심에 위치하는 것들만 대형화되어 있고, 특별히 화려한 부장품들이 확인되고 있습니다. 대성동 고분군과 양동 고분군 같은 김해시 중심의 목곽묘와 주변의 것에서는, 삼성 이건희 회장과 서민 이영식의 재산만큼이나, 너무나 분명한 우열을 보입니다.

곧 아홉 촌장의 구간사회 시대가 수로왕의 가락국 시대로 바뀌면서, 김해의 부(富)와 권력이 김해시 중심의 특정 지역으로 집중되고 있는 현상을 확인할 수 있습니다. 1972년 이전까지 1시(市), 1읍(邑), 9면(面)으로 나누어져 있던 행정구역이 얼마 전에 하나의 김해시로 통합되었던 것과 비슷한 양상이었을지도 모르겠습니다.

양동 고분군 212호 출토 목걸이_동의대박물관

가야 여러 나라의 형성의 모델

이러한 해석을 도식화해 본 것이 아래의 표입니다.

사 회	〈구지가〉 해석	고고학 자료 (무덤)	문화 단계	정치 권력	
				집중도	성격
구간사회	풍요제의	고인돌	청동기문화	김해 9개면 분산	구간 리더(leader)
가락국	영신제의	목관묘 · 목곽묘	철기문화	김해 시내 집중	수로왕 통치자(ruler)

다행히도 김해 지역에는 구지가의 건국신화라는 문자기록이 있고, 청동기문화와 철기문화의 교체양상을 짐작할 수 있는 고고학자료가 있어, 가락국 형성의 비밀을 풀 수 있게 되었던 것입니다. 그러나 남해안에 인접한 다른 가야 지역에서는 어림도 없습니다. 다만 각 지역에서 가야라는 최초의 소국(小國) 정치체가 형성되던 과정은 크게 다르지 않았을 겁니다. 따라서 우리가 지금 얘기한 내용을 가야 각국 형성의 모델로 생각해도 괜찮을 것입니다. 그런 의미에서 가야사의 시작은 이렇게 김해의 구지봉을 무대로 막을 올리게 되었다고 해도 좋겠지요.

5. 동전 한 닢이 말하는 해상왕국

회현동 패총

2006년 10월 10일, 김해시 회현동에 패총 단면 전시관이 열리게 되었습니다. 9미터 깊이의 조개더미를 수직으로 잘라, 넓은 정면과 좌우 짧은 단면의 3개 면을 노출시켜 가야인의 쓰레기장을 박력 있고 생동감 있게 보여주고 있습니다. 1907년, 일본인 학자 이마니시 류(今西龍)가 발견한 지 꼭 백 년 만의 일로, 우리나라에서 가장 먼저 발견된 초기 철기시대의 대표 유적입니다. 여러분들이 국사 시간에 열심히 외우던 바로 그 유적입니다. 회현리 패총으로 기억하는 분들도 있겠지만, 지금은 행정구역명이 바뀌어 회현동 패총이

회현동 패총 전시관, 패총 단면

되었습니다. 수로왕릉 남쪽의 봉황대에서 동쪽으로 뻗어 내린 낮고 길쭉한 언덕으로, 가야인들이 먹고 버린 조개껍질들이 생활쓰레기와 함께 쌓여 생긴 유적입니다. 지금 쓰레기장이라면 환경 문제의 하나로 골칫거리가 됩니다만, 회현동 패총은 가야사를 살필 수 있는 보고입니다.

발굴조사

1920년, 우메하라 스에지(梅原末治)와 하마다 고사쿠(濱田耕作),

1934년, 가야모토 모리토(榧本杜人) 등 일본인들이 발굴하였고, 1992년부터 2005년까지 간헐적으로 부산대박물관과 경남고고학연구소 등이 발굴조사를 했습니다. 수많은 조개껍질과 가야토기의 파편들, 그리고 생활도구들이 출토되었고, 화천(貨泉)·세형동검·탄화미처럼 가락국의 역사와 문화를 살필 수 있는 것들도 확인되었습니다. 탄화미는 2천 년 전 건국기의 가락국에서 활발한 쌀농사가 이루어졌음을 보여줍니다. 세형동검은 한민족 청동기문화의 대표 유물로, 가야에 대한 고대 일본의 지배나 간섭을 말하던 일본학계의 잘못된 주장을 일축할 수 있는 증거자료가 됩니다.

동전 한 닢

화천은 서기 9년 중국에서 신(新)을 세운 왕망(王莽)이 찍어낸 돈으로, 엽전처럼 생겼습니다. 가운데에 네모난 구멍 있고, 그 오른쪽에 화(貨), 왼쪽에 천(泉)이라 새겨져 있습니다. 왕망전으로도 불리는 화천은 물론 한 닢의 동전에 지나지 않습니다. 그러나 전혀 새롭고 너무나도 중요한 가야왕국 발전의 비밀을 보여주고 있습니다. 화천은 평양과 황해도, 바다 건너 일본열도의 규슈에서 오사카(大阪)까지 점점이 출토되고 있기 때문입니다. 중국에서 찍은 화폐가 한반도 남단의 김해에서 출토되는 것도 신기한데, 서북한

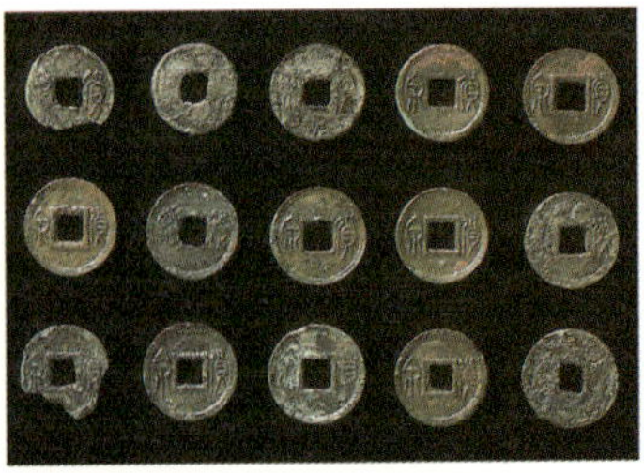

일본에서 출토된 화천

(西北韓) 지역과 일본열도에서 함께 출토되고 있다는 점은 참으로 중요합니다.

해상왕국

화천이 주조되고 약 2백 년 뒤의 기록이지만, 《삼국지》 〈왜인전〉은 황해도의 대방군에서 일본열도의 왜국들에 이르는 바닷길을 알려주고 있습니다. 황해도에서 서해안을 따라 남하하다 남해에 들어서서 동으로 방향을 바꿔 김해에 이르고, 천 리(70킬로미터)의 바다를 건너 쓰시마(對馬), 다시 천 리를 건너 이키(壱岐), 다시 천 리를 건너 규슈 북부에 다다르는 길입니다. 이 바닷길은 기원전후에서 3세기 후반까지 고대의 동아시아 세계를 연결하는 중요 무역로였습니다. 김해의 가락국은 중국과 일본열도를 연결하는 중개무역항의 위치에 있었습니다. 현대 동아시아에는 싱가포르·홍콩·상하이·나가사키·부산 등이 중개무역항으로서 유명합니다만, 고대에는 가락국이 거의 유일무이한 중개무역항이었습니다.

서북한 지역과 일본열도, 그리고 회현동 패총에서 출토되었던 화천은 이러한 바닷길을 거쳐 사람들과 물자의 왕래를 증명해 주는 증거입니다. 《삼국지》에 따르면 황해도에서 일본열도를 왕래하는 기간은 대개 2년에서 2년 반이 걸렸습니다. 그런데 화천은 중국에서 겨우 10년밖에 통용되지 않았습니다. 10년밖에 사용되지 않았던 화폐가 2년에서 2년 반이나 걸렸던 바닷길에 점점이 출토되고 있다는 것은, 이 길을 거친 무역과 왕래가 얼마나 빈번했던가를 단적으로 보여주는 것입니다.

중국의 선진문물과 일본열도의 원자재가 김해의 가락국에서 교환되었고, 가락국에 모인 가야 여러 나라들의 물품이 중국과 일본에 수출되기도 하였습니다. 가락국과 함께 남해안에 위치한 전기 가야의 나라들이 일찌감치 고대왕국으로 발전할 수 있었던 경제적 바탕이 바로 여기에 있었던 것입니다. 따라서 우리는 기원전후에서 3세기쯤에 이르는 가락국을 해상왕국이라 부르는 데 머뭇거릴 필요가 없습니다.

6. 해상왕국의 항구가 발견되다

가야의 항구

앞에서 김해 회현동 패총에서 발견된 한 닢의 동전(화천)을 통해 해상왕국 가야의 면모를 더듬어 보았습니다만, 바로 그 해상왕국의 항구가 김해시 중심의 회현동 패총 서편의 봉황대 유적과 대규모 주택단지가 조성되고 있는 김해시 장유면 율하리의 관동리 유적에서도 각각 발견되었습니다.

봉황대 유적

김해 시내를 남북으로 흐르고 있는 해반천(海畔川)과 얕은 언덕의 봉황대 사이의 습지에 자리한 봉황대 유적은 김해시가 추진하던 가

복원된 봉황대 유적

야민속촌의 조성에 앞서 발굴조사되었던 곳입니다. 경남발전연구원 역사문화센터가 2002년과 2003년, 두 차례에 걸쳐 벌였던 발굴조사에서 항구와 관련된 여러 가지 흔적들이 발견되었습니다.

경사면에 자갈을 깔아 배를 끌어 올릴 수 있게 했던 시설, 해반천의 바닷물이 봉황대 쪽으로 넘어 들지 못하도록 목재와 석재를 점토에 섞어 다지고, 군데군데 수많은 나무못으로 고정시켜가며 쌓아 올린 기다란 둑 모양의 호안시설, 그 안쪽에 즐비하게 늘어서 있던 높은 마루의 창고형 건물자리들이 발견되었습니다. 건물기둥을 받치는 기초로는 돌이 아닌 나무가 사용되었습니다. 습지에 가라앉지 않도록 궁리했던 가야인의 건축학적 지혜가 빛나는 대목입니다.

결국 최초로 확인된 해상왕국의 항구 때문에 민속촌 조성 계획은 그만두게 되었고, 물을 채우고 작은 배까지 띄운 지금의 모습으로 복원 · 정비되었습니다. 장기간의 발굴조사 탓에 엄청난 시간과 비용도 들었지만, 근거도 없고 어디에나 있을 법한 급히 서둘러 만든 민속촌에 견주어, 확실한 역사 · 고고학적 사실에 바탕을 둔 복원과 정비는 그만큼 당당하고 생명도 길 것이라 생각합니다.

관동리 유적

김해시 장유면 율하리 신도시 조성 사업지의 동북 끝자락에서는 봉황대 유적보다 더 확실한 가야 항구의 모습이 확인되었습니다. 남해고속도로와 율하천이 만나는 곳에 자리한 관동리 유적은, 2005년에 경남고고학연구소가 벌였던 발굴조사에서 항구의 호안시설, 호안시설 앞에 나무다리처럼 돌출되어 배를 댈 수 있게 했던 선착장 같은 뜬다리[棧橋], 여러 채의 창고형 건물자리, 우물이 있는 마을과 고분군, 그리고 항구의 배후도로까지 발견되었습니다. 폭 6미터 크기의 배후도로는 돌을 깔고 진흙을 다져 길바닥을 만들었고, 도로

왼쪽부터 선착장 잔교 유구, 창고 우물 유구, 도로 유구_경남고고학연구소

양측에는 배수를 위한 도랑도 설치되었습니다. 마침 근처에서 한창 공사가 추진되고 있는 부산신항의 배후도로를 연상케 합니다.

1930년대 이후에 바닷물의 역류를 막는 수문의 건설과 낙동강 곳곳에 쌓인 제방 때문에 지금은 김해평야로 변했지만, 옛 김해만(金海灣)의 포구에 실제로 존재하던 가야 항구의 하나가 발견되었던 것입니다.

김해평야는 바다였다

제가 공부할 때는 넓은 김해평야의 농업생산력으로 가야왕국이 발전했다고 쓰면 백 점을 받았습니다. 그러나 지금 우리 학생들이 그렇게 쓰면 빵점입니다. 가야시대의 김해평야는 바다였기 때문입니다. 갯벌이 발달하고, 밀물과 썰물이 드나들던 내해(內海)였습니다. 그래서 시내의 봉황대와 장유면의 관동리 일대가 가락국의 항구가 될 수 있었던 것입니다.

지금은 부산처럼 수심이 깊고 밀물 썰물의 차가 적은 곳이 좋은 항구가 됩니다만, 이것은 스크루를 돌려 추진력을 얻는 배가 고안된 18세기 산업혁명 이후의 일입니다. 산업혁명 이전까지 수만 년 동안 인류가 사용해 왔던 최적의 항구조건은 정반대였습니다. 오히려 갯벌이 발달하고, 밀물과 썰물의 차가 커야 했습니다. 밀물 때 내륙 깊이 들어와 육지에 배를 얹혀 두고, 짐을 내리고 물과 식량을 싣고, 다시 밀물이 되면 배를 띄워 먼 바다로 나가 항해하는 그런 방법이었습니다. 고대 일본의 노래를 싣고 있는 8세기의 《만요슈

봉황대 유적과 관동리 유적

(萬葉集)》는 이제는 매립 등으로 거대도시(메트로폴리스)로 바뀐 오사카에 대해 '밀물이 들어 왔으니, 배 띄워 먼 바다로 나가자'는 노래를 전하고 있습니다. 바로 이와 같은 항구가 김해시 봉황동과 장유면에 있었던 것입니다. 봉황대 유적 바로 옆의 해반천은 바다[海]를 끼고[畔] 있는 내[川]였습니다.

봉황대 유적이 있는 김해읍성 바로 앞의 갈대숲 속에서 왜구(倭寇)가 튀어나와 미처 방비할 틈이 없었다는 고려 말의 기술도 있고, 조선 후기 이중환은 《택리지(擇里志)》에 남해안의 해운에서 얻어지는 이익의 전부를 김해가 차지한다고 기록하였습니다. 고려시대는 말할 것 없고 조선 후기까지도 현재의 김해시는 남해안에서뿐만 아니라, 전국 최대 항구의 하나였습니다. 김해의 '바다 해(海)'는 그러한 역사적 전통을 가지고 있는 것입니다. 김해평야에서 가야의 무역선을 건져 올릴 날을 기대합니다.

7. 가야 왕궁이 보인다

가야사의 수수께끼

어느 정도 밝혀졌다고도 생각되는 오늘까지도 가야사에는 어김없이 '신비'나 '수수께끼'와 같은 수식어들이 곧잘 따라다닙니다. 이러한 수수께끼를 대표하는 것 가운데 하나가 '가야국의 왕궁을 어디에서 찾을 수 있을까' 하는 문제입니다.

흔히 금관가야라 불리는 김해의 가락국, 아라가야로 불리는 함안의 아라국, 대가야라 불리는 고령의 가라국, 심증이 가는 곳은 많아도 그 어디에서도 결정적인 단서가 밝혀진 곳은 없습니다. 경북 고령에는 지산동 고분군에서 읍내 쪽으로 다 내려온 연조동 언덕에 대가야 왕궁지로 추정되는 곳이 있고, 경남 함안에는 삼봉산 아래에 남문(南門)·선왕동(先王洞)·필동(筆洞)과 같은 왕궁 관련의 지명이 남아 있는 아라왕궁 추정지가 있으며, 경남 김해에도 두세 군데의 왕궁 후보지가 전해지고 있습니다.

왕궁 후보지

지금까지 가락국의 왕궁으로 김해 시내에서 거론되고 있는 왕궁 후보지는 두 군데입니다. 수로왕릉 동북쪽의 동상동사무소 앞과 수로왕릉 남서쪽에 있는 봉황대로, 양쪽 모두 '가락국 왕궁터'라는 내용의 비석이 세워져 있습니다. 다만 북쪽의 동상동사무소 앞보다는 남쪽의 봉황대 쪽이 더 유력할 것으로 생각됩니다. 왜냐하면 동상동에는 허왕후의 궁궐 또는 분성대(盆城臺)가 있었다는 또 다른 전설도 있지만, 봉황대는《삼국유사》〈가락국기〉의 기록과 잘 맞아떨어지기 때문입니다.

봉황대의 가락국시조왕궁허비

〈가락국기〉는 서기 199년에 돌아간 수로왕의 능 위치를 '대궐의 동북쪽 평지'로 전하고 있습니다. 지금 왕궁의 위치는 모르지만, 수로왕릉의 위치는 알고 있습니다. 결국 수로왕릉이 왕궁의 동북쪽에 만들어졌다는 사실을 뒤집으면, 왕궁은 현재 수로왕릉의 남서쪽에 있었을 것입니다. 수로왕릉 남서쪽에 자리잡고 있는 것이 바로 봉황대입니다.

가락국 왕궁비

봉황대에서 동북쪽으로 수로왕릉을 찾아 내려오면, 김해 김씨(金海金氏) 종친회관을 만나게 됩니다. 지금 이 회관은 김해시가 왕궁

복원 사업을 위해 철거하고 있습니다만, 바로 그 뒤에 아주 오래된 은행나무 한 그루와 함께 자연석을 가공한 커다란 비석 하나가 서 있습니다. 그 비석에는 '가락국시조왕궁허지(駕洛國始祖王宮虛地)' 곧 가락국 시조의 왕궁터라는 뜻의 한자가 아주 깊고 두텁게 새겨져 있습니다. 그 뒷면에는 조선 숙종 6년, 서기 1680년 그러니까 지금부터 327년 전에 이 비가 세워졌음이 기록되어 있습니다.

5백 살에 가깝다는 은행나무의 나이와 잘 어울리는 비석이기는 합니다만, 이 비석이 세워진 것은 가락국이 멸망했던 532년 이후 무려 1148년이나 흐른 뒤의 일이었습니다. 가야 왕궁 찾기의 실마리가 될 수 있을지는 몰라도 추정의 범위를 벗어나지는 못합니다.

봉황토성(鳳凰土城)

그러나 이 수수께끼가 드디어 풀려가기 시작하고, 가락국 왕궁의 실마리가 보이기 시작한 것은 역시 같은 자리에서였습니다. 가락국 왕궁터의 비석에서 몇 발자국 나가지 않은 곳에서 가락 왕궁의 성벽이 발견되었던 것입니다.

지난 2003년의 일이었습니다. 김해 김씨 종친회관 앞의 소방도로 확장 공사에 앞서 경남고고학연구소가 벌였던 발굴조사에서 5세기쯤의 토성(土城)이 발견되었습니다. 토성의 양 옆은 아래에서 위로 너비를 줄여가면서 모나게 다듬은 돌을 계단식으로 쌓아 올렸고, 가운데는 나무기둥을 세워, 흙을 켜로 다져가며 쌓아 올렸습니다. 돌로 쌓은 측벽의 너비는 아랫부분이 14미터, 윗부분이 7미터가 되

봉황토성 성벽, 봉황토성 내부 주거지 조사_경남고고학연구소

는 마름모꼴 단면의 성벽으로, 그 위에 2.4미터 정도의 토성이 남아 있었습니다. 많이 깎여나간 것으로 보아 평지의 성곽으로서는 제법 커다란 규모였다고 생각됩니다. 성벽 안쪽에서는 헤아릴 수 없을 정도로 많은 움집형 주거지와 창고형 건물지가 발 넣을 틈 없이 빼곡히 들어차 있었고, 그곳에서는 성벽과 비슷한 시기의 가야토기들이 출토되었습니다. 짧은 기간에 짓고 부수고, 다시 세우기를 거듭했던 아주 분주하고 변화가 심했던 도회생활의 단면을 보여주는 듯합니다.

왕성(王城)을 찾았다

원래 고고학자들은 자신의 조사결과를 특정의 역사기록과 직결시켜 단정적으로 해석하기를 매우 꺼려합니다. 그러나 새로 발견된 봉황토성을 가락 왕궁으로 추정하는 데에는 별로 망설이지 않는 것 같습니다. 《삼국유사》 〈가락국기〉는 수로왕이 도읍을 정하면서 길이 1천5백 보의 나성(羅城)을 둘러 쌓고, 궁궐 · 관청 · 무기고 · 창고 등의 신궁(新宮)을 지었다고 전하고 있습니다. 물론 봉황토성은 이로부터 약 4백 년 뒤가 되는 유적이지만, 비로소 가야의 왕궁이 보이기 시작했다고 할 수는 있을 것입니다.

김해시는 올해(2008년)부터 장기적인 계획 아래 적극적인 왕궁 찾기와 복원 사업에 나선다고 합니다. 가야 왕궁의 실체가 드러날 날도 그리 멀지 않은 것 같습니다.

8. 수로왕릉을 찾아서

수로왕릉

김해시 한복판에 있는 수로왕릉은 가락국의 시조 수로왕을 모신 무덤입니다. 김해 지역의 관광이나 답사에서 수로왕릉을 빠뜨리는 사람은 별로 없고, 가야사에서 가장 먼저 생각나는 주인공의 유적이기도 합니다. 지금은 왕릉 공원으로 말끔하게 정비되어 아이들의 소풍이나 사생대회가 열리기도 하고, 도심의 녹지공간으로 시민들의 쉼터가 되기도 합니다. 또한 해마다 5월과 10월에는 전국의 김해 김씨 사람들이 모여들어 시조 할아버지에 대한 큰 제사를 지냅니다. 수로왕은 가야사의 첫 장을 열었던 주인공이기도 하지만, 김해 김씨의 시조이기도 하기 때문입니다.

가야왕국의 부활?

얼마 전에는 그런 농담도 했습니다. 김대중 정부가 출범할 때, 대통령·국무총리·비서실장 세 사람이 모두 김해 김씨였기 때문에 '1천5백 년 만의 가야왕국의 부활'이라며 함께 웃은 적도 있었습니다. 온 국민이 혈연과 지연의 고리를 끊으려 애쓰는 지금, 무슨 허튼 수작이냐 할 수도 있겠지만 오히려 있는 그대로를 인식하는 것이 혈연과 지연의 끈적거림을 더 이상 기능하지 못하게 하는 방편도 될 수 있다고 생각합니다.

수로왕은 158세?

《삼국유사》〈가락국기〉에 따르면, 수로왕은 서기 42년에 태어나 가락국을 세웠고, 서기 199년에 158세의 나이로 돌아갔다고 합니다. 사람이 어떻게 158년이나 살 수 있을까 하는 의문도 생기겠지만, 〈가락국기〉가 전하는 수로왕에 대한 기록은 건국신화라는 특별한 형식의 이야기에 담겨 있다는 것을 알아야 합니다.

《삼국지》〈왜인전〉은 3세기쯤에 일본열도에 살고 있던 왜인들의 평균수명을 80~100세로 기록하고 있습니다. 그러나 규슈 북부지역을 비롯한 당시의 무덤에서 발굴되고 있는 인골의 평균수명은 40~50세 정도에 지나지 않습니다. 인골자료의 연령추정이 과학적인 것은 말할 필요도 없겠지만, 연구자들에 따르면《삼국지》의 서술 또한 아주 정확하다고 합니다. 따라서 양쪽 모두가 들어맞도록 해석할 수밖에 없습니다.《삼국지》의 연령은 사절로 갔던 중국인

이 왜인들에게서 들었던 것이었고, 그렇다면 왜인들이 자기 나이를 80~100세로 계산하고 있었다는 것이 됩니다. 그런데 실제의 육체적 연령은 그의 꼭 반이 되는 40~50세였습니다. 여기에서 실제의 연령이란 현재 우리의 달력에 따른 것이기도 합니다.

결국 왜인들은 지금 우리가 생각하는 1년을 2년으로 간주했던 것 같습니다. 수로왕과 비슷한 시기의 왜인들은 지금 우리의 달력으로 보면 1년에 2살을 먹었던 것으로 생각됩니다. 봄에 씨 뿌리고 한 살, 가을걷이하고 다시 한 살을 먹는 것 같은 시간의식이었습니다. 이렇게 볼 때 수로왕의 실제 연령도 158세를 둘로 나눈 79세 정도였을 가능성이 있습니다.

원조 할아버지

그러나 이러한 추정이 간단히 성립할 수는 없습니다. 《삼국유사》〈가락국기〉는 중국의 연호를 사용해서 수로왕의 생몰연대를 기록하고 있기 때문입니다. 158세는 죽은 해에서 태어난 해를 뺀 계산으로 얻어진 것입니다. 서기 42년의 탄생부터 왕으로 즉위할 수 있었던 것도 아닐거고, 158세를 살기도 어려울 것입니다. 따라서 수로왕의 158세는 자연인으로서의 나이라기보다, 가락국의 건국에서 완성에 이르는 일종의 국가형성기의 기간을 말해주는 것으로 풀이하는 것이 좋을 듯합니다. 바로 이 시기가 건국자인 수로왕으로 대표되는 전설이 남은 것으로 봄이 좋겠습니다.

임진왜란 때 끌려갔던 심수관이란 도공이 4백 년 이상 지난 지금까지 일본 규슈 남부에 살고 있다면 믿어집니까? 지금의 심수관은 '원조(元祖) 심수관'의 14대손이 됩니다만, '원조'와 똑같은 심수관의 이름을 명함에 새겨 내밀고 있습니다. 아마 이렇게 이해해 볼 수도 있을 것입니다.

수로왕의 출신지

김해의 '원조 할아버지'로서 수로왕을 의심할 사람은 없겠지만, 수로왕 집단도 처음부터 김해 사람은 아니었던 것 같습니다. 선진문화를 가지고 다른 곳에서 이동해온 사람들이었습니다. 그렇다면 수로왕은 어디에서 온 사람일까요? 우선은 고조선이 있었던 서북한 지역을 주목해야 합니다. 《삼국사기》는 신라의 건국자에 대해 조선의 유민, 산과 계곡 사이에 살던 사람이었다고 전합니다. 여기에서 조선 유민이란 기원전 108년에 중국의 한나라에게 망하고 남았던 고조선 사람들이었습니다. 고조선의 마지막 단계였던 위만조선은 세계적인 철의 제국이었던 한나라를 상대로 1년 동안이나 싸울 수 있었습니다. 그만큼 고조선의 철기문화가 고도로 발달했었다는 증거가 되는 거지요. 이러한 위만조선의 철기문화는 요하의 연화보 유적과 청천강의 세죽리 유적 등에서 잘 확인되고 있습니다.

결국 한나라에게 패한 고조선의 유민들이 남쪽으로 내려와 경주에 이르러 신라를 세웠고, 바닷길을 거쳐 왔다고 생각됩니다만, 김해에 이르러 가락국을 세웠습니다. 이미 앞에서 〈구지가〉에 대한 이야기에서 말씀드렸듯이, 수로왕은 고조선에서의 국가적 경험과 철기문화를 가지고, 그때까지 아홉 촌장들이 영도하고 있던 부족연합의 구간사회를 통합했던 것입니다. 구간사회 사람들은 청동기문화와 고인돌을 남겼지만, 수로왕 집단은 철기가 부장되는 목관묘와 목곽묘를 만들기 시작했습니다. 특히 목곽묘는 수로왕 집단의 고향이었던 서북한 지역의 무덤형태와 많이 닮아 있습니다.

지금까지의 자료에 따른다면, 수로왕의 출신은 서북한 지역과 고조선의 멸망에서 찾는 것이 옳을 것입니다.

9. 왕릉의 수수께끼

왕릉의 수수께끼

수로왕릉에는 알 만한 사람은 아는 두 가지의 수수께끼가 있습니다. 하나는 왕릉이 과연 진짜인가 하는 것이고, 또 다른 하나는 정

수로왕릉

문과 비석에 그려져 있는 신령스런 물고기 신어(神魚)와 빛나는 태양의 그림입니다. 지금부터 이 두 가지 수수께끼 풀기에 도전해보기로 하겠습니다.

왕릉은 가짜인가?

지금까지 부산 · 경남 지역에서 적지 않은 가야 고분의 발굴조사가 이루어져 왔고, 지금도 진행 중에 있습니다. 그러나 수로왕이 세상을 떠났다는 서기 199년쯤에 지금의 수로왕릉같이 높고 커다란 봉토(封土, 마운드)를 가진 고분이 발견된 적은 없었습니다. 가야 지역에서 이 같은 대형 봉토의 고분이 출현하는 것은 5세기 이후에나 가능했던 일입니다. 가야 고고학의 상식에 비추어 볼 때, 수로왕이 세상을 떴을 당시에는 현재와 같이 높고 큰 무덤은 존재하지 않았다는 얘기가 됩니다.

그렇다면 '지금의 수로왕릉이 가짜인가?' 하는 의문이 생길 수도 있는 것입니다. 김해 김씨 사람들에게 혼이 날 수도 있는 얘기가 되겠지만, 이야기는 끝까지 들어 보아야 합니다.

지역의 전설은 웅변적이다

저는 이렇게 생각합니다. 2세기 말에 수로왕릉과 같은 큰 고분이 있을 수 없다는 것이 가야 고고학의 상식이라 해도, 지금의 왕릉을 가짜라고 생각하기는 어렵습니다. 왜냐하면 지역에 전해지는 전설이 어떠한 역사기록이나 고고학 자료보다 더 웅변적이고 더 사실적인 경우도 이따금 있기 때문입니다.

알렉스 헤일리 원작 《뿌리(Roots)》의 첫 대목은 주인공 쿤타킨테에 이르는 15대 이상 되는 계보와 역사를 며칠이고 외우는 장면으로 시작됩니다. 이러한 구전(口傳)의 전승자는 다른 날에 외우게 해도 거의 한 자도 틀리지 않는다고 합니다. 이러한 예가 다른 원시부족에서도 흔히 찾을 수 있음이 문화인류학의 현지조사에서 밝혀지고 있습니다. 사실 '광개토왕릉비'의 첫 구절 "옛날 추모성왕(주몽)이"에서 시작하여, "17대 광개토대왕에 이르기까지"의 계보를 기록하고 있는 것도 이러한 전설이 문자기록으로 정착한 결과입니다. 입에서 입으로 전하는 것(구전)이라고 무조건 버릴 것은 아닙니다.

왕릉은 개축되었다

그렇다면 가야 고고학의 상식과 현존하는 수로왕릉의 차이를 어떻게 설명할 수 있을까요? 우선 결론은 이렇습니다. 수로왕릉이 언제인가 지금과 같은 모습으로 개축되었을 가능성에 대해 생각해 보는 것입니다. 《삼국유사》〈가락국기〉에 따르면, 신라 문무왕은 661년에 이 수로왕릉을 대대적으로 정비시키고 있습니다.

정복국의 군주였던 신라 문무왕이 어째서 피정복국 가락국의 시조인 수로왕릉의 정비를 명하게 되었을까요? 문무왕은 무열왕 김춘추와 김유신의 누이동생 문희(문명왕후) 사이에서 태어난 사람이기 때문이었습니다. 함께 공을 차던 김유신이 일부러 김춘추의 옷

고름을 밟아 끊어, 누이동생으로 하여금 꿰매게 하였고, 그것이 인연이 되어 혼인하게 되었다는 이야기를 모르는 사람은 아마 없을 것입니다. 누이동생을 신라의 제1권력자 김춘추에게 시집보내기 위해 술수를 썼던 김유신은 가락국의 마지막 왕이었던 구해왕(또는 구형왕)의 손자였고, 김유신의 누이동생 또한 가락왕실의 후손이었습니다.

외가 돌보기

결국 문무왕의 어머니가 가야계 여인이었기 때문에 김해의 가락국은 신라 문무왕의 외가가 되는 셈이었고, 그렇기 때문에 문무왕은 외가 쪽 '원조 할아버지' 인 수로왕릉이 황폐해져 있음을 그냥 두고 볼 수는 없었던 것입니다. 문무왕이 수로왕릉의 정비를 명할 때, 친가 쪽 조상들의 묘와 같은, 곧 지금 우리가 경주에서 보는 것 같은 아주 큰 봉토의 고분으로 개축하고 정비하게 되었으며, 가장 좋은 전답을 왕위전(王位田)이라 하여 30정보나 부쳐, 왕릉을 돌보는 경비로 충당케 하였던 것으로 생각할 수 있습니다. 이와 같이 고고학적 상식과 김해 지역과 김해 김씨의 전설 모두를 꼭 맞아 떨어지는 것으로 생각해 볼 수도 있을 것입니다.

같은 시대의 고분 발굴

최근에 발굴된 '봉황토성' 과 전에 공설 운동장이었던 '가야의 숲 조성부지(현재의 수릉원)' 에서 새로운 방증자료가 확보되었습니다.

《삼국유사》〈가락국기〉는 199년에 수로왕이 세상을 떠나자 궁궐 동북쪽 평지에 한 길 되는 빈궁(殯宮)을 지어 장사지낸 뒤, 사방 3백보를 수로왕묘(首露王廟)로 정했다고 전합니다. 지금까지 수로왕의 궁궐이 어디에 있었는지 확실하지 않았기 때문에, 궁궐 동북쪽의 평지가 어디인지도 잘 알 수가 없습니다. 그러나 앞에서 이야기한 것처럼, 2003년의 발굴조사에서 봉황대 동북쪽의 바깥에 둘러 쌓은 토성의 일부가 확인되었기 때문에, 수로왕의 궁궐이 봉황대에 자리잡고 있었음이 확실해졌습니다. 결국 현재의 수로왕릉이 왕궁이 있던 봉황대의 동북쪽 평지에 해당한다는 사실은《삼국유사》〈가락국기〉가 전하는 내용과 꼭 들어맞게 됩니다.

또 2004년에는 수로왕릉 바로 옆의 '가야의 숲 조성부지'에서 수로왕 시대의 목관묘를 조사했습니다. 1~2세기 전반에 만들어진 것으로 생각되는 제3호 목관묘에서는 칠기자루부채 2점, 청동창, 청동거울, 칠기칼집철검, 원통형 칠기 2개 등이 출토되어, 서북한 계통의 색채를 강하게 보여주었습니다. 수로왕 시대 가락국 지배층의 출신과 문화적 특징을 그대로 보여주는 가야무덤이 현재의 수로왕릉 바로 옆에서 발견되고 있는 것입니다. 수로왕릉이 가짜가 아니라는 중요한 근거의 하나가 됩니다.

신어상과 태양문(太陽紋)

수로왕릉에 들어서면 신어상과 태양문이라는 조금은 낯선 무늬들과 만나게 됩니다. 왕릉 바로 앞에 서 있는 문을 납릉정문(納陵正

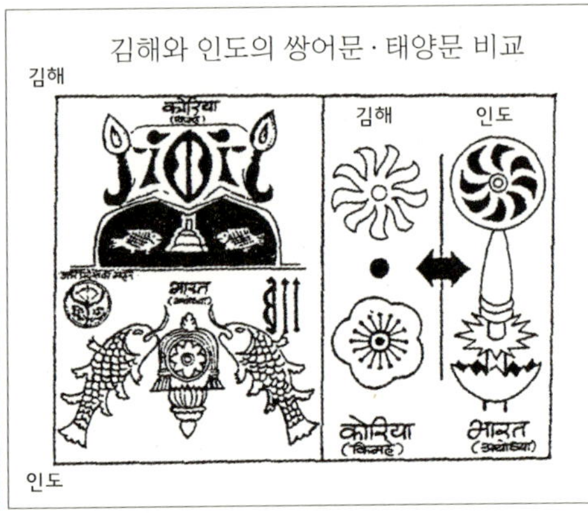

신도비의 태양문(왼쪽 위)_김해시청, 납릉정문의 신어상(왼쪽 아래)

門)이라 하는데, 그 문 위의 좌우를 보면, 흰색의 석탑 같은 것을 사이에 두고 두 마리의 흰색 물고기가 마주 보고 있습니다. 김해 지역에서는 신령스런 물고기라 하여 신어상이라고도 하고, 두 마리의 물고기를 가리켜 쌍어문(雙魚紋)이라고도 부릅니다. 다시 왕릉을 바라보면서 왼쪽으로 4기의 비석이 있는데, 가운데 서 있는 2기의 비석 머리에 바람개비나 해처럼 보이는 무늬가 새겨져 있습니다. 흔히 태양문이라 부릅니다.

지금 수로왕릉에 어떻게 이러한 무늬가 남게 되었으며, 또 비슷한 무늬들이 어째서 저 멀리 인도의 야요디아에서 발견되고 있는가가 문제입니다. 야요디아에서는 힌두교 사원의 정문 장식에서부터 경찰관 모자의 뱃지에 이르기까지 비슷한 무늬가 아주 많이 쓰이고 있답니다. 더구나 야요디아는 《삼국유사》 〈가락국기〉가 수로왕비 허왕후의 고향으로 전하는 아유타국(阿踰陁國)과 같은 곳입니다.

그래서 수로왕릉의 이러한 무늬들이 허왕후가 인도에서 왔음을 보여주는 증거라는 주장이 있습니다. 이미 20여 년 전에 아동문학가 이종기 선생이 야요디아 기행을 바탕으로 저술했던 《가락국탐사》(일지사, 1975)에서 시작되었고, 직접적으로는 중국 사천성 안악현의 보주(普州)에서 허왕후(許王后)의 고향을 찾는 고고학자 김병모 교수가 《김수로왕비 허황옥》(조선일보사, 1994)에서도 주장했습니다.

인도공주?

그렇다면 수로왕비 허왕후가 정말로 인도에서 왔던 것일까요? 현재의 대답은 우선 '아니올시다' 입니다. 그동안 김해 지역에서 무려 2천 기 이상의 가야고분이 발굴조사 되었습니다만, 인도와 관련된 유물이 출토된 적은 없습니다. 가야 전문인 국립김해박물관이나 부산의 동래복천박물관에 가보세요. 인도와 관련되는 유물은 단 한 점도 없습니다. 《삼국유사》 〈가락국기〉는 허왕후가 수많은 보물을 가져왔음을 전하고, 그 후예들은 가락국의 왕비족으로서 대를 이어 살았습니다. 그렇다면 그들이 사용했을 인도의 유물들은 다 어디로 간 걸까요?

주장자의 한 사람인 김병모 교수는 한국을 대표하는 고고학자의 한 분으로, 오랫동안 김해 지역에서 많은 발굴조사를 지도하기도 했습니다. 그러나 정작 인도 관련의 자료는 단 1점도 확보할 수 없었습니다. 그래서 학계에 보고하는 학술논문으로서가 아니라, 김해 김씨와 김해 허씨가 결혼할 수 없다는 이야기를 풀어가는 기행문의 형식으로 책을 쓸 수밖에 없었던 것입니다. 또 쌍어문은 가야와 전혀 상관없는 고려시대 강원도의 진전사 터에서도 나오고, 중국 흑룡강성에서 출토된 금(金)나라 시대의 청동거울에도 있습니다.

바다의 실크로드

그렇다면 《삼국유사》는 왜 허왕후가 인도에서 왔다고 썼던 것일까요? 《삼국유사》를 편찬했던 일연이 스님이었음을 염두에 두어야 합니다. 일연 스님의 《삼국유사》가 편찬된 당시에도 허왕후의 출신지에 대한 정확한 전설은 없었던 것 같습니다. '바다로부터 오긴 왔는데 어딘지는 모른다. 따라서 신라~고려시대에 서아시아→인도→남중국→한국으로 인간과 문물이 이동하던 '바다의 실크로드'를 무시할 수는 없겠다. 이러한 해상루트에 불교의 이상향인 인도가 있고 아유타국이 있다. 그렇다면 해양설화로서 허왕후의 고향을 인도에서 구하는 것도 괜찮겠다' 일연 스님은 이렇게 생각했고, 오히려 수로왕릉의 신어상과 태양문은 《삼국유사》의 기록을 바탕으로 그때부터 왕릉을 장식하는 무늬로 택했던 것으로 생각하는 편이 합리적일 것입니다.

허왕후의 고향

실제로 《삼국유사》 〈가락국기〉는 허왕후가 가져온 물건들을 '한사잡물(漢肆雜物)'이라 표현하고 있습니다. 한(漢)의 사치스러운[肆] 여러 가지[雜] 물건[物]이란 뜻입니다. 허왕후는 인도가 아니라, 중국의 문물을 가져왔던 것입니다. 이때 중국의 선진문물을 가지고 올 수 있었던 곳은 서북한의 고조선이나 낙랑군과 대방군밖에 없었습니다. 그러니까 그 이전까지는 알 수 없으나, 허왕후 집단의 직접적인 출발지는 수로왕과 마찬가지로, 서북한 지역에서 찾는 것이 정당합니다.

최근에 황해도 봉산군의 양동리 5호분에서는 바닥에 쌍어문을 새긴 청동냄비가 출토되었습니다. 2세기 후반에서 3세기 전반쯤에 축조된 것으로 생각되는 이 고분의 연대는 가락국과는 물론, 허왕후와 수로왕이 돌아가셨다는 때와도 잘 어울리는 시기입니다. 시기를 비교할 수 없는 인도나 강원도 또는 중국의 흑룡강성과는 다르게, 비슷한 시기의 쌍어문 자료가 유일하게 대방군이 있었던 서북한 지역에서 확인할 수 있는 것입니다.

어쨌든 여러분들은 인도 여인의 생김새도 알 거고, 김해 허씨의 얼굴도 알 겁니다. 너무나 안 닮은 것 같은데 어떻게 생각합니까? 물론 그렇다고 해서 이러한 전설을 전혀 무시할 수는 없습니다. 그럴 가능성은 별로 없을 것 같지만, 이에 관련된 새로운 자료가 나온다면, 그때 다시 생각해 보는 것이 좋을 것입니다. 현재로서는 김해를 비롯한 남부 지역에서 민족 집단의 형성이나 문화적 계통을 생각할 때, 북쪽의 육로 일변도만이 아닌 해양을 통한 사람들의 이동이나 문화의 전파도 무시하면 안 될 것이라는 정도로 생각하는 것이 어떨까 합니다.

10. 수로왕비릉을 찾아서

오늘은 김해 시내 북쪽의 구지봉에서 동쪽으로 이어진 낮은 언덕에 있는 수로왕비릉을 답사하면서, 수로왕비 허왕후의 신비와 역사적 의미에 대해 이야기를 나누려 합니다.

황당했던 질문

저는 지금 글을 통해 여러분의 가야사 여행을 안내하고 있습니다만, 김해를 찾는 답사모임의 현지안내를 맡는 경우도 자주 있습니다. 어떤 해는 무려 20여 회 이상의 답사 가이드를 한 적도 있고, 그러다 보니 가까운 동료 교수들은 "또 관광 가이드 나갑니까?"라며 싱글거리는 것이 습관처럼 되었습니다. 7년 전쯤의 일이라 생각합

허왕후릉

니다. 어느 답사모임을 이끌고 김해 시내를 누비고(?) 있을 때였습니다. 허왕후릉 앞에 50여 명쯤 되는 답사객을 모아 놓고 '인도공주' 시비로 침을 튀기고 있었습니다. 바로 그때였습니다. 어떤 아줌마 답사객이 손을 번쩍 치켜들었습니다. "조금 전에 수로왕릉에 들렀고, 지금은 허왕후릉에 와 있습니다. 수로왕과 허왕후는 부부였다면서요? 그런데 왜 함께 묻히질 못하고 이렇게 떨어져 있는 겁니까?"라는 질문을 했습니다.

아주 평범한 질문이었지만, 순간 저는 아찔했습니다. 가야사 연구를 시작한 지도 어느새 20여 년이 넘었고, 학술회의의 토론이나 대학의 선생노릇에도 나름대로 익숙해져 있었던 제겐 참 큰 충격이었습니다. '가야사나 고대 한일관계사에서 예상치 못하거나 대답하지 못할 질문이란 있을 수 없다'는 과신에 차 있었던 모양입니다. 그래서 저는 "생전에 부부 사이가 별로 좋지 못했을까요? 아니, 수로왕과 허왕후는 아들 열에 딸을 둘이나 두었다고 하니, 금실이 나빴을 리는 없었을 텐데!"라는 농담과 횡설수설로 그 순간을 모면할 수밖에 없었습니다.

부부합장은 없었다

가야시대에는 지금과 같은 부부합장의 풍습이 없었습니다. 왜냐하면 가야 고분의 구조가 서로 다른 때에 죽는 부부를 같은 무덤에 묻을 수는 없게 되어 있었기 때문입니다. 가야의 전형적인 무덤은 나무나 돌로 네 벽을 먼저 만들고, 주검을 수습한 목관이나 시신을 위에서 내려 방의 중심에 모신 다음, 돌이나 판자로 뚜껑을 덮고, 봉토를 쌓아 올리게 되어 있었습니다. 따라서 문이 딸리고 복도를 거쳐 돌방으로 들어가도록 만들어진 고구려나 백제의 고분과는 달리, 한 번 덮어 봉한 무덤에 추가로 매장하기는 어렵습니다. 그러니 자연히 가야에 부부합장의 풍습은 없었다고 보는 것이 옳을 것입니다.

그러나 가야의 매장법에 대한 이러한 이해가 부부였던 수로왕과 허왕후의 능이 서로 떨어져 있는 것에 대한 완전한 설명이 될 수는 없습니다. 왜냐하면 1회에 한정된 매장이란 점에서 비슷한 형식을 택하고 있는 신라 경주에서는 황남대총처럼 같은 방은 아니더라도 부부의 무덤을 붙여 만들고, 두 무덤을 하나의 봉토로 연결한 것이 확인되기 때문입니다. 우리가 표주박형 또는 쌍원분(雙圓墳)이라 부르는 이런 형태의 무덤이라면, 현재의 수로왕릉과 허왕후릉처럼 서로 떨어져 있지 않아도 됩니다. 부부합장은 없었더라도, 왕과 왕비는 같은 왕족의 묘역에 묻힐 수도 있기 때문에, 지금처럼 거리를 두고 있지 않아도 되는 것입니다. 따라서 아직도 아줌마 답사객의 의문이 완전히 해결된 것은 아닙니다.

왕비족(王妃族)

그런데 허왕후는 가락국에 혼자 시집왔던 것이 아니었습니다. 《삼국유사》〈가락국기〉에 따르면, 허왕후는 신하인 신보와 조광, 그들의 아내인 모정과 모량에 노비를 합해 20여 명 정도 되는 일행과 함께 가락국에 들어왔습니다. 이들에 대해 많은 기록이 남아 있는 것은 아닙니다만, 신보와 조광의 부부가 딸만 하나씩 낳았다는 기술, 그 딸들이 제2대 거등왕과 제3대 마품왕의 왕비가 되었다는 기술에 주목하지 않으면 안 됩니다. 거등왕은 신보의 딸 모정을, 마품왕은 조광의 손녀 호구를 각각 왕비로 맞아들였습니다.

따라서 허왕후와 그 일행은 대를 이어 가며 가락국에서 왕비를 내던 집단으로 이해할 수 있습니다. 수로왕과 혼인한 허왕후가 국모로서 지배층의 일부를 구성했던 것은 사실이지만, 함께 왔던 일행의 자손들 또한 대대로 왕비로 간택되었습니다. 이러한 사실은 허왕후로 대표되는 집단이 가락국에서 왕비족의 자리를 차지하고 있었음을 반영하는 것으로 해석할 수 있습니다.

왕비족의 수장인 국모

건국 초기에 고구려의 지배층을 구성했던 5부 가운데 대대로 왕을 내던 계루부와 왕비를 내던 절노부가 서로 나뉘어 있었던 것과 좋은 비교가 될 것입니다. 더구나 나라를 세운 뒤 일정 시기까지도 대대로 왕비를 내던 절노부는 계루부와 다른 독자적인 종묘와 사직을 가지고 있었던 것으로 이해되고 있습니다. 계루부와 절노부는 왕과 왕비의 부부관계이기도 하였지만, 집단적으로는 출신과 제사에서 독립성을 가진 별개의 정치집단이었던 것입니다. 가락국에서 허왕후 집단의 위상도 고구려에서 왕비족이었던 절노부와 같은 것으로 생각해 볼 수 있습니다.

그리고 우리 고대의 건국신화에서 빠지지 않고 등장하는 혼인 이야기는 출신과 성격이 다른 집단의 통합이란 역사적 사실이, 혼인이라는 신화의 형식과 구성을 빌려 기록된 결과입니다. 곰이 여자로 변신했다는 사실은 믿지 않지만, 신석기문화의 웅녀족과 청동기문화의 환웅족의 통합으로 단군조선이 되었다는 것은 역사적 사실로 해석하고 있습니다. 문화의 단계와 성격이 다른 두 집단의 역사적 통합이 건국신화라는 형식을 빌려 환웅과 웅녀의 혼인 이야기로 기록되었던 것입니다.

허왕후릉이 수로왕릉과 떨어져 있게 된 이유도 원래 독자적인 출신과 조상에 대한 제사를 가지고 있었던 왕비족으로서, 수로왕의 왕족과는 일단 구별되는 정치집단의 성격을 지니고 있었기 때문이라고 할 수 있습니다. 같은 김해 땅 안에서도 허왕후 집단은 왕비족으로서의 지역적 바탕을 가지고 있었고, 허왕후는 수로왕과는 다른 허왕후 집단, 곧 왕비족의 리더로서 자신의 영역에 묻혔던 것으로 생각해 볼 수 있는 것입니다. 이제 왕릉과 왕비릉이 서로 떨어져 있는 배경에 대해 조금은 이해가 됩니까?

허왕후의 왕궁?

지금까지도 허왕후릉 가까이에 허왕후의 궁궐이 있었다는 이야기가 전해지고 있습니다. 김해 읍성의 성문 복원사업이 한창입니다만, 허왕후릉 남쪽으로 동상동사무소 앞의 포교당(연화사) 안에 허왕후의 중궁(中宮)이 있었다는 전설이 지역의 기록으로 내려오고 있습니다. 수로왕궁이 있었던 김해 시내 남쪽의 봉황대와는 1.5킬로

허왕후의 중궁 추정비

미터 정도나 떨어져 있는 지역으로, 허왕후 집단이 수로왕 집단과 구별되는 별개의 지역기반을 가지고 있었던 것을 반영하는 전설의 하나로 생각될 수도 있습니다.

독립적 지역기반을 가지고 있던 왕비족의 수장이 허왕후였던 것입니다. 이런 의미에서 저는 가끔 '허왕후는 남자였을 수도 있다' 라는 농담을 합니다. 김해 지역에서나 김해 허씨 사람들은 '이 무슨 망발이냐? 미친 것 아니냐?' 라고 할 수도 있겠지만, 우리의 건국 신화에 공통적으로 보이는 '혼인 이야기' 에 대한 역사적 해석을 거쳐, 성격이 다른 두 집단의 통합이 가락국의 성립이라는 역사로 복원될 수 있고, 현재의 허왕후릉이 수로왕릉과 떨어져 있는 의미에 대해 좀더 깊이, 좀더 사실적으로 추론해본다면 그렇다는 것입니다. 그저 근거 없는 농담만은 아닐 겁니다. 두 집단의 통합에서 통합의 주체는 신랑으로, 통합의 대상은 신부로 표현되었던 것이 우리 고대의 건국신화였습니다.

허씨 성의 상속

김해 김씨와 김해 허씨는 서로 결혼하지 못한다는 전설과 전통도 이러한 해석과 관련이 있습니다. 수로왕은 열 명의 아들 가운데서 두 명에게 허왕후의 성을 허락하여 허씨 성의 맥을 잇게 하였다고 합니다. 그러니까 김해 김씨와 김해 허씨는 같은 배에서 나온 후예들인 까닭에 지금도 결혼할 수 없다는 것입니다.

그러나 지금처럼 여성의 권리가 신장되고 있는 우리 사회에서조차 자식 가운데 하나에게라도 부인의 성을 따르게 한다는 것은 쉽지 않습니다. 하물며 이제 막 가락국을 세운 수로왕이 그 성을 인정하여 왕권의 일부를 다른 씨족에게 허락하기란 쉽지 않았을 것입니다. 그런데도 두 명의 아들에게 허씨의 성을 잇게 하였다는 것은 가락국에서 허왕후 집단의 위상을 짐작케 해 주는 것으로 생각할 수밖에 없습니다. 이 또한 수로왕족과는 다른 독립적 출신과 제사를 바탕으로 하는 왕비족의 위상을 현실적으로 인정하였던 것으로 해석해야 할 것입니다.

허왕후릉

《삼국유사》 〈가락국기〉는 서기 189년에 허왕후가 별세하자 구지봉 동북쪽의 언덕에 장사지냈다고 적고 있습니다. 여기에서 장사를 지냈다고 하는 것이 왕비의 능을 만들었음을 의미하는 것인지, 아니면 장례를 치르기 위한 빈궁을 세웠다는 뜻인지 정확치는 않습니다. 그러나 매장에 관련된 다른 언급이 없는 것으로 보아, 왕비의 능을 여기에 썼다는 것으로 해석해도 좋을 것입니다.

다만, 수로왕릉에서 얘기했던 것과 마찬가지로, 현재의 왕비 능을 허왕후가 세상을 떠난 2세기쯤의 가야 고분의 모습으로 보기는 어렵습니다. 허왕후릉은 그 겉모습과 크기로 보아 가까이 있는 구산동 고분군에 속하는 고분의 하나로 봄이 옳을 것입니다. 구산동 고분군은 이미 발굴조사를 거쳐 6세기 중엽에 축조된 석실분(石室墳, 돌방무덤)으로 확인되었습니다. 따라서 수로왕릉과 같이 신라 문무왕의 개축으로 생각해 보기도 쉽지 않습니다. 고려 중기에 편찬된 〈가락국기〉에 따라 후대에 허왕후릉이라 붙여졌을 가능성도 적지 않습니다. 물론 이럴 경우에는 앞에서 힘들여 머리를 쥐어짰던 수로왕릉과의 거리에 대한 해석도 다시 검토해 보아야 할지도 모르겠습니다.

보주댁이라고요?

현재 허왕후릉 앞에는 "駕洛國首露王妃(가락국수로왕비)" "普州太后許氏陵(보주태후허씨릉)"이라 씌어 있는 비석이 서 있습니다. 이 비석은 조선 인조 25년(1641)에 세워진 것으로 알려져 있습니다.

수로왕릉에서 이야기했던 대로, '보주태후'라는 네 글자의 의미에 대해 처음으로 눈여겨보았던 이가 국립전통문화학교 총장을 지낸 김병모 교수였습니다.

우리는 이제까지 보주태후는 허왕후가 별세한 뒤에 지어 올렸던 일반적인 시호로 보아왔습니다. 서기 189년에 허왕후가 세상을 떠나자 가락국 사람들은 땅이 꺼진 것 같이 슬퍼했고, 자애로웠던 허왕후를 높여 기리는 말로 '큰 세상의 태후'라는 시호를 올렸던 것으로 이해해 왔습니다. 그러나 김병모 교수는 '보주'가 허왕후의 출신지를 나타내는 것으로, 중국 사천성 안악현을 가리키는 것으로 해석하였습니다. 인도의 아요디아에서 출발했던 허왕후 일족이 중국 남부 사천성 안악현에 정착하였다가, 기원후 47년의 난리를 피해 김해로 이주해 왔음을 보여 준다는 것입니다.

큰 세상의 태후

그러나 이러한 주장은, 김해에서 발굴되고 있는 고고학 자료와 김해 허씨의 체질적 특징을 가야시대의 인골과 비교해 볼 때 이해하기 어렵다는 말은 이미 앞에서 했습니다. 이번에는 더 구체적인 몇 가지의 반증을 들어 보려고 합니다.

첫째, 보주는 북주(551~581)가 설치하고, 송(960~1279)이 폐지했던 행정구역의 이름으로, 허왕후(48~189)의 시대와는 너무 시간적 거리가 있습니다. 둘째, 《후한서》가 전하는 서기 47년의 난리는, 남군(南郡)의 오랑캐가 반란을 일으켜 무위장군 유상이 진압하고 그 무리를 강하(江夏)에 강제로 이주시켰던 사건이었습니다. 여기에서 허씨 성의 집단은 보이지 않으며, 강하는 현재 호북성의 수도 무한(武漢)입니다. 사천성 안악현과는 목포에서 신의주까지보다도 먼 거리입니다. 셋째, 허왕후릉비에 '보주태후'라는 명문이 쓰이게 된 것은, 앞에서 본 대로, 조선시대 인조 25년(1641)의 일이었습니다. 따라서 후대 사람들이 지어 올렸던 '큰 세상의 태후'라는 일반적 칭송으로 보는 것이 옳을 것입니다.

파사석탑(婆娑石塔)

허왕후릉 아래의 파사각 안에는 붉은 보랏빛을 띠는 파사석탑이 있습니다. 파사석탑은 허왕후가 가락국에 시집올 때, 거친 바람과 파도를 가라앉히기 위해 배에 싣고 왔다 하여 '누를 진(鎭)', '바람 풍(風)'의 진풍탑(鎭風塔)으로도 불립니다. 이 탑은 원래 허왕후릉 동쪽을 흐르는 호계천(虎溪川)가의 호계사 터에 아무렇게나 뒹굴고 있던 것을 허왕후릉에 옮겨 쌓은 것이라 합니다. 1820년쯤의 김해 옛 지도[古地圖]에도 이 탑은 수로왕비릉이 아니라, 훨씬 남쪽에 있는 호계천 동쪽가에 그려져 있습니다. 호계천은 복개되어 지금의 호계로가 되었습니다.

실은 《삼국유사》를 지은 고려시대의 일연 스님도 이 탑을 보았습니다. 일연 스님은 이 탑 돌의 재질이 우리나라에서 잘 나지 않는 파사석이라는 것도 지적했고, 《본초강목》에 있는 이 돌의 특성에 대해서도 기록했습니다. 닭 벼슬의 피를 떨구면 응고되지 않으며, 불

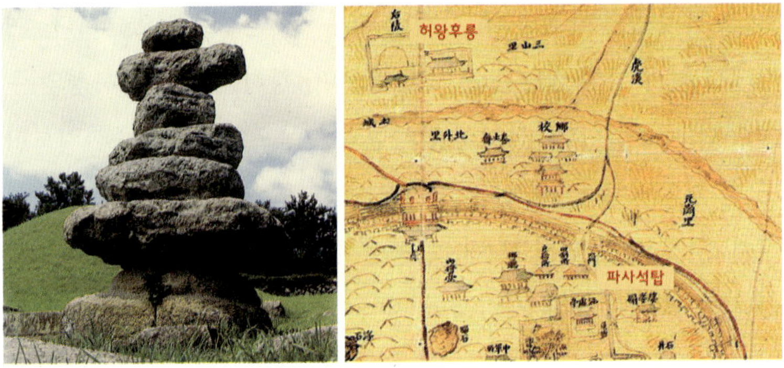

파사석탑, 김해 고지도_김해시청

에 태우면 유황 냄새가 난다고 하였습니다. 이에 김해 시내 금강병원장을 지낸 허명철 박사가 돌가루를 내어 실험해 보았더니 실제로 그러하였답니다. 물론 이러한 실험이 곧 허왕후가 이 파사석탑을 싣고 왔음을 증명하는 것은 아니고, 《본초강목》이 적고 있는 파사석의 특징을 확인한 것에 지나지 않습니다.

문자기록과 고고학 자료에 따르는 한, 파사석탑을 허왕후의 도래(渡來)에 직접 연결시키기는 쉽지 않습니다. 남쪽 바닷길을 거쳐, 가야 지역에 전해지던 선진문물의 한 갈래에 대한 전설로 해석해 보는 것이 좋을 것입니다.

잘린 거북이 목

끝으로 여담 한 가지 하겠습니다. 지금의 허왕후릉과 구지봉은 돌 구름다리에 흙을 덮어 놓아 서로 연결되어 있지만, 전에는 그렇지 않았다고 합니다. 일제강점기에 일본 사람들이 부산과 마산 사

거북이 목

이의 국도를 개설하면서 잘라 놓았던 지맥을 새로 이어 붙인 것이랍니다. 《삼국유사》는 허왕후릉에서 서쪽으로 뻗어나간 구지봉에 대해, '거북이가 엎드려 앞으로 고개를 내민 형상'이라 했습니다. 그렇다면 바로 여기가 거북이의 목에 해당하게 됩니다. 그래서 김해의 어르신들은 '일본 놈들이 거북이 목을 잘랐기 때문에 김해에서 더 이상 큰 인물이 나지 않게 되었다'고 탄식해 왔습니다.

그런데 이제 구름다리를 만들고, 그 위에 흙을 덮어 지맥을 다시 연결했더니, 김해에서도 인물이 나게 되었다는 것입니다. 예전에는 김해시 한림면 출신의 박찬종 씨가 그 인물이라 하더니, 김해 김씨의 김대중 대통령, 김종필 국무총리, 김중권 비서실장을 들기도 하고, 요즘은 김해시 진영 출신의 노무현 대통령을 얘기하기도 합니다. 여러분은 이런 것을 믿는 편입니까? 믿거나 말거나의 한 토막이었습니다.

11. 가야의 성형수술

오늘은 낙동강가에 있는 김해 예안리 고분군을 찾아 두개골 성형이라는 가야사회의 독특한 풍습과 그에 대한 나름대로의 해석을 이야기해보려 합니다.

우리의 얼굴

요즘 거리에는 높은 코에 쌍꺼풀진 커다란 눈의 얼굴들이 넘쳐나고 있습니다. 제가 대학에서 담당하고 있는 강의 가운데 '한민족의 기원과 형성'이라는 과목이 있습니다. 이 강의는 형질(체질)에서 보이는 우리 겨레의 특징에 대한 이야기부터 시작합니다.

우리 선사인(先史人)들의 두개골 측정치를 제시하면서, '큰 머리에 발달한 턱, 앞뒤가 짧고 좌우가 긴 건빵같이 생긴 두개골, 북방의 추운 기후에 적응하기 위해 쌍꺼풀도 없고, 코도 높지 않은 얼굴' 등을 우리의 특징으로 늘어놓곤 합니다. 지금의 미적 기준에서 본다면, 전혀 달갑지 않은 특징들일 것입니다. 강의실의 학생들은 서로의 얼굴을 쳐다보다가, 그럴듯한 얼굴을 발견하면 서로 키득대곤 합니다. 그러나 요즈음에 이런 특징을 가진 사람을 찾기란 쉽지 않습니다.

아네모네?

이름을 밝힐 수는 없지만, 예전에 우리 학과에는 '아! 네모네!'라는 별명을 가진 여학생이 있었습니다. 워낙 활동적인 학생이었기 때문에 그녀의 이름만 대면 우리 겨레의 형질적 특징을 아주 쉽게 이해시킬 수 있었습니다. 그 학생은 졸업하고도 가끔 학교를 찾아옵니다만, 그럴 때면 "선생님 교재사용료 주세요!" 라는 농담을 잊지 않습니다. 그러나 이 강의에서 사용하기에 적합한 '교재 찾기'가 점점 더 어려워지는 것도 사실입니다.

아마도 성형수술의 일반화 탓이 아닐까 합니다. 가끔 아내와 같이 길을 걷다가 어린이를 데리고 가는 여인네들을 만나고는 서로 의미 있는 눈길을 주고받다가 그들과 어느 정도 멀어지면 함께 히죽거리는 일도 있었습니다. 어머니는 아주 높은 코에 쌍꺼풀진 커다란 눈입니다만, 아이가 전혀 그렇지 않은 경우입니다. 물론 아버지 쪽일 수도 있겠지만, 쌍꺼풀은 아마 우성이라지요? 어느 한쪽이 쌍꺼풀이 있으면 자식도 쌍꺼풀이 있을 확률이 높다는 얘기지요. 모르긴 해도 어머니의 성형수술일 겁니다. 자기도 하겠다고 우기는 아내의 주장을 언제까지 물리칠 수 있을지 별로 자신이 없습니다. 그만큼 성형수술은 일반화되고 있는 모양입니다. 아무튼 발달하고 일반화되는 성형수술 덕분에 우리 민족의 형질적 특징을 설명하기가 점점 어려워지는 것도 사실입니다.

가야의 성형수술

이러한 성형수술이 가야시대에도 이루어지고 있었습니다. 《삼국지》는 가야에 '아이가 태어나면 머리를 돌로 눌러 한쪽을 찌그러뜨려 편두(偏頭)를 만드는 풍습이 있었다' 고 전합니다. 물론 이러한 풍습이 가야만의 특수한 것은 아닙니다. 고대의 인도·시베리아·중남미 등을 비롯해, 세계적으로 상당히 유행하던 풍습이었음이 민족지(民族誌)적 사례에서 곧잘 확인되고 있습니다. 그렇다 해도《삼국지》가 전하는 가야에 대한 많지 않은 기술 속에서 두개골 성형의 사실이 전해지고 있다는 것은 신라나 백제와 구별되는 아주 특별한 풍습 또는 습관이 가야 사회에 있었음을 말해 주는 것입니다.

이렇듯 가야 사람들이 두개골 성형의 풍습을 가지고 있었던 것은 분명합니다. 그런데 정작 머리의 어느 부분을 눌렀을까? 어떤 사람들이 두개골 성형을 했을까? 왜 했을까? 등에 대해서는 잘 알 수 없었습니다. 그러다가 근년에 그 해답을 얻을 수 있는 고고학 자료가 발견되었습니다. 바로 김해 예안리 고분군에서 발견된 2백여 체나 되는 인골들입니다.

김해 예안리 고분군

1976년부터 1980년까지 부산대박물관은 4회에 걸쳐 김해시 대동면 예안리 시례마을에서 190평 남짓 되는, 그리 넓지 않은 가야 고분군을 발굴하였습니다. 부산에서 낙동강 삼각주를 건너, 김해로 들어서는 서낙동강의 선암다리를 건너자마자 오른쪽으로 장어골목을 헤치고 차로 10여 분 정도 가면, 도로 오른쪽에 초록색 낮은 철책으로 둘러쳐진 사각형의 잔디밭을 만나게 됩니다. 발굴조사 후에 흙과 잔디를 덮어 보존하고 있는 김해 예안리 고분군입니다.

목곽묘 59기, 수혈식 석실묘(竪穴式石室墓) 93기, 옹관묘(甕棺墓)

17기, 횡혈식 석실묘(橫穴式石室墓) 13기 등, 총 182기의 고분에서 토기류 1,100점, 철기류 660점, 구슬류 180점, 귀걸이 41쌍, 뼈화살촉 60점 등, 총 2천여 점의 유물이 출토되었습니다. 이 예안리 고분군은 4~7세기까지 약 3백 년 동안 지속적으로 만들어진 것으로, 가야 고분의 모든 형식이 서로 중복되어 있어, 그 선후관계에 따라 목곽묘 → 석곽묘(石槨墓, 돌덧널무덤) → 석실분으로 변해간 모습을 확인할 수 있습니다.

가야인의 두개골

낙동강가에 있는 예안리 고분군이 우리의 관심을 끄는 것은 우리나라에서는 아주 보기 드물게 많은 인골이 발견되었다는 점입니다. 원래 우리나라의 토양은 적당한 습기 때문에 무덤의 인골이 그리 오래 남지는 않습니다만, 어쩌다 예안리 고분군은 습기가 아주 많은 곳에 있었던 탓에 180여 기의 무덤에서 무려 190여 구나 되는 인골이 남을 수 있었습니다.

예안리 77호묘_부산대박물관

그런데 이 190여 구의 인골 가운데서는 아주 별나게 생긴 10구의 두개골도 확인되었습

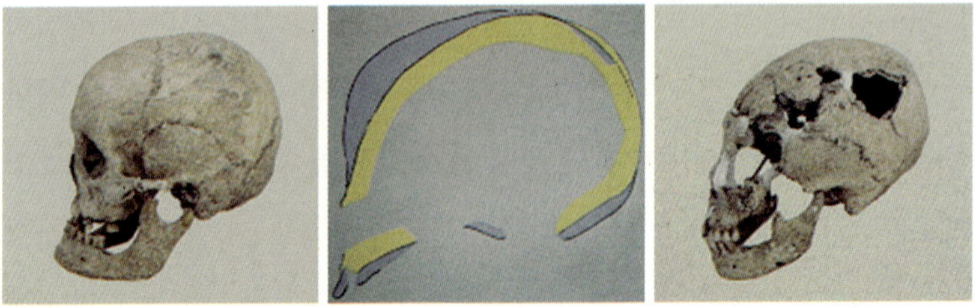

정상 · 편두 비교도_부산대박물관

니다. 비교 사진과 같이, 왼쪽의 정상 두개골에 견주어 앞이마가 심하게 후퇴한 오른쪽과 같은 두개골이 보입니다. 대부분의 인골은 그렇지 않은데 유독 이들 10구의 두개골들만 그렇게 생겼습니다. '치우칠 편(偏)', '머리 두(頭)', 앞이마가 한 쪽으로 치우친 편두입니다.

물론 여기에서 함께 출토된 190명은 같은 시대 같은 마을에서 살았던 사람들이었습니다. 그렇기 때문에 원래 체질은 비슷했을 것이니까, 그렇게 태어났다기보다는 10구의 두개골만이 후천적으로 또는 인위적으로 그렇게 만들어졌다고 보아야 합니다. 두개골 성형이 이루어진 결과입니다. 아울러 《삼국지》 〈변진전〉에서 '아이가 태어나면 머리를 돌로 눌렀다'는 곳이 앞이마였다는 것도 여기에서 확인된 사실이었습니다.

한물간 유행?

그런데 한 가지 특이한 것은 두개골 성형의 인골들이 모두 4세기쯤의 목곽묘에서만 출토된다는 점입니다. 예안리 고분군은 그 이후 5~7세기까지도 만들어졌지만, 5세기 이후의 고분들에서는 이러한 두개골 성형의 흔적은 발견되지 않습니다. 이에 견주어 《삼국지》 〈변진전〉에서 보이는 두개골 성형은 3세기 후반까지 있었던 것으로 기록되었습니다. 그러니까 《삼국지》는 3세기 후반까지 가야 사회에 존재하고 있었던 두개골 성형의 풍습을 기록했던 것이고, 예안리 고분군의 인골 자료는 가야 사회에서 두개골 성형의 유행이 이미 한물간 시기의 것으로 생각할 수 있습니다.

성형은 부잣집 딸만?

그렇다면 도대체 어떤 사람들이 두개골 성형을 했던 것일까요? 두개골 성형 인골의 10구 가운데 7구는 숙년 여성이었고, 2구가 장년 남성이었으며, 1구는 5~6세의 어린아이였습니다. 예안리 고분군에서는 출토된 190여 구 인골의 평균연령은 40세 정도였습니다. 그런데 두개골 성형 인골은 어린이 1구를 제외하고, 모두 장년과 숙년으로 50~60세 정도의 연령으로 추정되고 있습니다. 이들은 예안리 마을의 평균수명보다 더 오래 살았던 사람들이었습니다.

그러나 오래 살았다고 반드시 좋기만 했던 것은 아닌 모양입니다. 이러한 두개골 성형 인골이 출토된 무덤들의 부장품은 하나같이 흔한 철기 하나 없을 정도로 매우 빈약했습니다. 이러한 부장품의 내용으로 볼 때, 신분적으로 고위층이나 재력가 또는 높은 종교적 지위를 가진 사람은 아니었다고 생각됩니다. 예안리 고분군 자체가 가야 사회에서도 피지배층 일반인들의 무덤을 보여주고 있습니다만, 두개골 성형의 무덤들은 그 가운데서도 더 가난했던 것 같습니다.

또 여자와 어린이라는 점에서도 짐작할 수 있듯이, 가난했던 예안리 마을에서도 약한 자의 처지에 있던 사람들이었습니다. 그 흔한 철기 한 점조차 출토되지 않고 있습니다. 부장품이 전혀 없거나 약간의 토기들만 부장되어 있을 뿐입니다. 결국 좀 오래 살긴 했지만 풍족한 인생은 아니었던 것 같습니다.

어쩌면 출신이 달랐을 수도 있겠습니다. 《삼국지》가 '지금 진한인(辰韓人)은 모두 편두'라고 전하고 있기 때문입니다. 그런데 예안리 마을은 신라의 전신인 진한이 아니라, 전기 가야의 변한(弁韓)입니다. 두개골 성형의 풍습을 가진 진한인, 신라 계통 사람들이 변한인인 가야 사람들의 마을에 살면서 차별받던 모습으로 해석될 수 있을지도 모르겠습니다.

4세기 대의 인골에서 이러한 두개골 성형의 인골이 차지하는 비율은 30퍼센트 정도가 됩니다. 이들은 피지배층에서도 하층 사람들이었고 약자들이었습니다. 노예였을까요? 아니면 두개골 성형의 특수한 풍습을 가진 다른 계통의 사람들이었을까요? 의문이 꼬리에 꼬리를 뭅니다만, 지금 생각해볼 수 있는 것은 여기까지입니다.

성형수술의 비극?

전체 10구의 두개골 성형 인골 가운데서 단 하나, 5～6세 어린아이의 두개골은 후두부가 열려 있었습니다. 아직 숨구멍이 채 막히

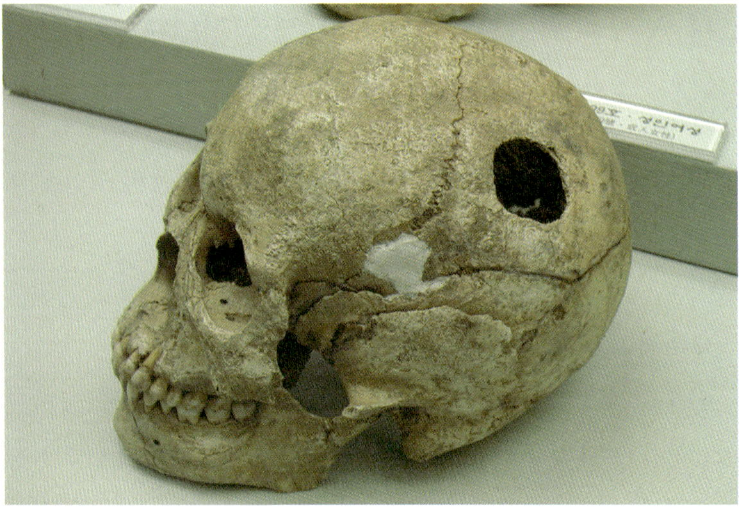

외과 수술한 흔적이 있는 두개골(예안리 116호분)_부산대박물관

지 않았던 것 같습니다. 앞이마를 누르는 돌의 압력을 이기지 못해 정수리의 숨구멍에서 뒤통수에 이르는 이음새가 열려 사망한 것으로 보입니다. 아마도 성형수술의 실패였을 겁니다. 아니면 심각한 외과 수술을 했음에도 사망에 이른 불쌍한 아이였을 수도 있겠습니다. 예안리 고분군에서 출토된 두개골 가운데 편두는 아니지만, 동그란 구멍이 뚫린 두개골도 포함되어 있기 때문입니다.

이러한 가야인의 편두와 두개골은 보존처리를 거쳐 현재 부산대 박물관에 전시되고 있습니다. 언제나 누구든 관람할 수 있습니다. 한번 찾아보고 이리 저리 궁리해 보는 것은 어떨까요? 아내나 애인들의 성형수술에 대한 열망에 소극적으로나마 저항해 볼 수 있는 기회를 만들어 보기 위해서라도…….

12. 가야의 부뚜막 귀신 대한해협을 건너다

오늘은 가야의 부뚜막이 발견된 김해 부원동 유적과 진주 평거동 유적 등을 찾아보고, 대한해협을 건넜던 가야의 부뚜막 귀신에 대해 이야기해 보려고 합니다.

부뚜막이 뭐예요?

이제 도시에서 부뚜막을 찾아보기란 참 어렵게 되었습니다. 우리 아이들은 아마 부뚜막이 무엇인지도 잘 모를 겁니다. 아파트가 솟아오르고, 단독주택에서도 가스레인지가 사용되는 지금, 부뚜막은 물론 부엌이란 말조차도 잘 안 합니다. 현대의 거주공간에서 부엌과 응접실의 구분이 없어지고 있기 때문에, 도회의 아이들이 부뚜막을 알 리가 없습니다.

그렇지만 우선 먹어야 하고, 먹으려면 조리해야 하니, 선사시대 이래 불을 다루는 부뚜막과 부엌은 참 소중한 공간이었습니다. 더구나 부뚜막은 추위를 이겨낼 수 있게 하던 난방시설이기도 했습니다. 부뚜막 아궁이에서 피워진 불은 집안의 온돌을 데우고, 뜨끈뜨끈해진 온돌은 집의 난방을 책임집니다. 어렸을 때 온돌 아랫목에 배를 깔고 엎드려 있으면 살살 아프던 배가 말끔히 낫곤 하던 기억들도 그리 오래 된 것 같지는 않습니다.

우리 어머니들이 부뚜막 아궁이에 쭈그려 앉아 입으로 불어 불을 지피면서 매운 연기에 흘렸던 눈물은 또 얼마나 되었겠습니까? 힘든 시집살이에도 눈물조차 보일 수 없었던 우리 어머니들이 매운 연기를 탓하며 울어볼 수 있었던 부뚜막 언저리는 위안과 카타르시스의 공간이었을지도 모르겠습니다. 취사와 추위를 해결해 주던 부뚜막의 불은 집안의 생명이기도 했습니다. 또한 부뚜막 불이 꺼지는 것을 집안의 망조쯤으로 여겨왔던 전통사회에서는 신앙의 대상이기도 했습니다. 부뚜막 신앙, 곧 조왕신앙(竈王神仰)이 바로 그것이었습니다. 집안의 제사 때에는 부뚜막에도 음식이 차려졌고, 절기에 따라 부뚜막 신에 대한 별도의 제사가 바쳐졌습니다. 이제 우리 아이들은 부뚜막을 모르지만, 부뚜막은 우리 겨레가 걸어왔던 대부분의 시간을 함께 해 왔습니다.

부뚜막의 등장

쌀 같은 곡물이 주식인 우리 겨레에게 부뚜막은 참 소중한 시설이었습니다. 부뚜막에는 토기 솥이 걸쳐지고, 솥 밑에는 돌 받침[支脚]이나 점토를 채운 토기가 거꾸로 세워졌습니다. 지금까지 발견되고 있는 선사시대의 부뚜막은 백여 기 이상을 헤아리지만, 그 구조가 제대로 드러나게 된 것은 비교적 최근이었습니다.

고대의 부뚜막에는 움집 내부 한쪽 벽에 만들어지는 고정식과 토기나 철기로 만들어진 이동식의 두 가지가 있었습니다. 고정식 부뚜막은 철기문화와 함께 나타나기 시작했고, 이동식 부뚜막은 조금 늦게 고분의 부장품으로 등장합니다. 실생활에서 이동식 부뚜막을 사용하지 말란 법은 없습니다만, 주로 고정식이 사용되었을 것입니

고정식 부뚜막(왼쪽)_대가야박물관 복원, 부뚜막형 토기(오른쪽)_국립김해박물관

다. 지금까지 출토된 이동식 부뚜막은 많지도 않지만, 이동식 부뚜막에 걸쳐진 토기에서 그슬린 자국은 확인되지 않습니다. 대부분의 이동식 부뚜막은 저세상 가서 굶지 말라고 넣어 주던 물건, 곧 명기(冥器)였습니다.

이번에 박물관에 가면 진열되어 있는 토기들을 자세히 살펴보세요. 불에 그슬린 자국이 있는지 없는지, 있다면 어떤 부분이 그슬렸는지를 살펴보는 것도 재미있을 것입니다. 부뚜막에 걸쳐졌던 토기의 몸통에는 그슬린 부분과 그렇지 않은 부분이 뚜렷이 구분되어 나타납니다. 아는 만큼 보인다는 얘기는 유명하지만, 아는 만큼 잘난 척하는 것도 재미있습니다. 누가 압니까? 엄마와 아빠를, 또는 애인이나 친구를 다시 보는 기회가 될지도 모르지요.

그건 그렇고, 남한에서 가장 오래된 부뚜막은 한강 유역에서 발굴되었습니다. 부뚜막이 벽 안쪽에 설치된다는 차이가 있지만, 기원전

1세기가 되면 지금과 거의 비슷한 형태의 부뚜막이 사용되었습니다. 이러한 부뚜막은 기원전 108년, 한나라에게 멸망당한 고조선 유민들의 이주 과정에서 철기문화와 함께 남쪽으로 전파되었습니다. 남해안의 가야 지역에서 부뚜막이 등장하는 것도 이때입니다.

가야와 고대 일본의 부뚜막

기원전후, 그러니까 약 2천 년 전이 되면 가야 지역에서도 부뚜막을 갖춘 움집이 나타나기 시작합니다. 합천 저포리 유적, 진주 대야리 유적, 김해 부원동 유적 등이 이에 해당할 것입니다. 가야 지역의 부뚜막은 다시 대한해협을 건너 일본열도로 전해집니다. 기원후 1세기 말쯤이 되면 규슈 북부 지역에서 부뚜막이 출현하기 시작합니다.

부뚜막이 혼자 걸어갔을 리는 없었을 테니까, 부뚜막 문화를 가지고 일본열도로 이주했던 가야인의 모습을 생각해 볼 수 있는 자료가 됩니다. 가야의 부뚜막 문화는 고대 일본의 심장부인 아스카(飛鳥)·나라(奈良)·오사카까지 전파되어, 5세기쯤이 되면 고대 일본의 취사와 난방의 주된 것으로 됩니다. 고대는 물론 현재까지도 나라와 오

일본 부뚜막 귀신, 근세 민예품

사카 같은 곳에서는 부뚜막에서 집 밖으로 연기가 빠져나가는 굴뚝을 '구도'라 부르는데, 우리말의 '굴뚝'에서 비롯된 말입니다. 부뚜막의 부뚜막신과 굴뚝의 구도신(久度神)은 가야를 비롯한 한(韓) 계통의 이주민들과 함께 대한해협을 건넜던 신앙이었습니다.

따라서 조금 부풀려서 말한다면, 일본 요리의 시작은 가야에서 전해진 부뚜막과 부엌, 그리고 굴뚝에서 비롯되었다고 할 수도 있을 것입니다.

김해 부원동 유적

현재 김해시청의 자리와 그 주변은 가야의 부뚜막이 설치된 여러 채의 집자리가 발견된 부원동 유적입니다. 1980년 동아대박물관의 발굴로 집자리 · 조개더미 · 무덤 등이 조사되었고, 각종 토기, 제사용 미니 토기, 석기, 골각기, 곡물, 옥장신구, 철기 등이 출토되었습니다. 아래에서는 토광묘와 돌널무덤 같은 청동기시대의 문화층이, 위에서는 집자리 · 조개더미 · 석곽묘 같은 철기시대의 문화층이 확인되었습니다. 불에 탄(탄화된) 쌀 · 보리 · 밀 · 조 · 팥 등의 곡물류, 복숭아 · 머루 등의 과실류, 소 · 멧돼지 · 사슴 등의 동물 뼈, 그리고 30여 종의 조개는 현대와 비슷했던 가야인의 식생활을 보여주고 있습니다.

토기의 바닥에 원형(圓形)이나 장방형 구멍이 뚫린 시루도 있었습니다. 시루는 증기로 곡물을 찌는 질그릇입니다만, 출토된 토기에서 시루가 차지하는 비중이 그리 높지 않은 것으로 보아, 밥 같은 주식보다는 떡처럼 특별한 음식을 만드는 데 가끔 사용되었던 것으로 보입니다. 설이나 추석 때 부뚜막에 솥을 걸고 물을 끓여 시루에 떡을 찌던 가야인의 모습을 그려보면 좋을 것입니다.

그러나 부원동 유적은 개발이란 이름으로 소멸되었고, 김해시청과 주변의 건물들은 더 이상 가야의 역사와 문화에 대해 아무 것도 말해주지 않습니다.

가야의 부뚜막

부원동 유적의 집자리와 부뚜막은 부뚜막 신앙이라는 아주 특별했던 가야인의 정신세계를 보여줍니다. 움집 안쪽 벽에 부뚜막이 만들어져 있는 것이 여러 채 있었기 때문입니다. 부뚜막들은 한결같이 서쪽 벽체에 붙어 있었습니다. 전통가옥에서는 출입구를 남쪽에 두고, 부뚜막을 북서쪽에 두어 남동풍으로 연기를 집 밖으로 내보냈습니다만, 같은 배치의 부뚜막이 가야에서도 확인되고 있습니다. 《삼국지》〈변진전〉은 '가야의 귀신 섬김에 차이가 있었고, 부뚜막은 반드시 집의 서쪽에 만들었다'고 전합니다. 부원동 유적의 집자리는 1～2세기쯤의 것이고, 《삼국지》는 3세기 후반까지의 기록입니다. 부원동 유적 이후 1～2백 년까지 사용되던 가야의 부뚜막을 중국인이 기록하였던 것입니다.

지금 경남 진주의 남강댐 아래에서 발굴조사되고 있는 평거동 유적에서도 부뚜막이 딸린 여러 채의 집자리가 발견되고 있습니다. 발굴조사자에 따르면 4세기 무렵 가야의 것이라 합니다. 《삼국지》

진주 평거동 유적 부뚜막 집자리

의 기록 이후에도 여전히 가야인들의 집에서는 고정식 부뚜막이 만들어지고 사용되었던 것입니다.

부뚜막 귀신

가야 사람들에게 부뚜막은 요리를 위한 공간만은 아니었습니다. 일정한 곳에 같은 모양으로 만들어졌고, 절기에 따라 음식을 바쳤으며, 특별한 의례를 거쳐 폐기했던 것을 보면, 부뚜막에 대한 특별한 신앙이 있었던 것으로 생각됩니다. 《삼국지》의 부뚜막에 대한 기록은 가야인의 신앙이 백제나 신라와 달랐다는 내용의 다음에 씌어 있고, 부원동 유적에서는 부뚜막 가까운 데서 사슴 뼈를 불로 지져 길흉을 점치던 복골(卜骨)도 출토되었습니다. 복골은 가야인의 신앙생활을 짐작케 하는 자료입니다. 가야의 문헌기록과 집자리 같은 삶의 터전에서 전통시대의 부뚜막 신앙과 같은 내용이 확인되고 있는 것입니다.

부뚜막의 수명이 다했을 때는 폐기를 위한 특별의례가 이루어졌습니다. 고대 일본에서는 토기나 토제거울 또는 토제의 곡옥을 묻거나, 부뚜막 받침의 돌이나 토기를 뽑아 버리기도 하고, 아예 부뚜막을 부숴 버리는 경우도 확인되고 있습니다. 진주 평거동 유적에서도 받침 토기를 뽑아버린 것이 발견되었고, 한강가의 미사리 유적에서도 부뚜막 화구부에서 청동제와 철제의 비녀가 출토된 적도 있습니다. 부뚜막을 다루던 여인네들이 자신의 귀중품을 바쳐, 부뚜막 귀신의 노고를 치하하고, 부뚜막의 수명이 다함을 위로하였던 것으로 생각됩니다. 불에 대한 두려움에서 불의 성냄을 달래보려는 생각도 있었을 것이고, 연말에 그 집 가족의 잘잘못을 하늘에 보고하러 가는 부뚜막 귀신을 달래보려는 생각도 있었을 것입니다.

4세기 동진(東晉)의 도사 갈홍(葛洪)이 지은 《포박자(抱朴子)》는 한 해의 끝 날이 되면 부뚜막 귀신이 천제(天帝)에게 가족의 선악을 보고하러 간다고 하였는데, 김해 부원동 유적의 고정식 부뚜막과 봉황대 유적의 이동식 부뚜막, 그리고 진주 평거동 유적의 고정식 부뚜막은 가야에도 이러한 신앙이 존재하였음을 보여주는 것입니다.

대한해협을 건넌 가야의 부뚜막 귀신

가야의 부뚜막 귀신은 대한해협을 건넜습니다. 가야의 부뚜막은 규슈 북부를 거쳐 일본열도 안쪽 깊숙한 곳까지 퍼졌습니다. 오사카 남부 가와치(河內)의 이치스카(一須賀) 고분군에서는 모든 무덤에서 거의 예외 없이 부뚜막형 토기가 부장되어 있습니다. 저세상에 가서도 굶지 말라는 뜻이겠지요.

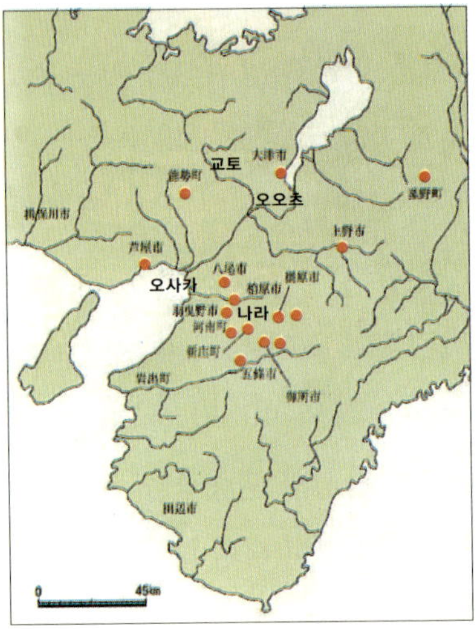

부뚜막형 토기의 일본 분포도

그런데 가와치는 일본열도로 이주했던 가야 사람의 삶의 터전으로 잘 알려져 있습니다. 가와치 지역의 중심에는 가라쿠니노무라지(韓國連)를 주신으로 모시는 가라쿠니 신사(韓國神社)가 있습니다. '가라쿠니(辛國)'로도 쓰는 '가라쿠니(韓國)'는 가라국(加羅國), 곧 가야국(加耶國)입니다. 결국 가와치의 이치스카 고분군은 가야계 이주민들의 무덤 떼입니다. 이러한 무덤에서 출토되고 있는 부뚜막형 토기는 가야의 이동식 부뚜막과 같은 것입니다. 부뚜막 신앙을 가지고 있었던 가야인들이 일본열도로 이주해서도 부뚜막 귀신을 놓지 않았던 것 같습니다.

그런데 고대 일본의 중심지였던 오사카·나라·교토 동쪽의 오오츠(大津) 등에서는 아주 많은 부뚜막형 토기가 출토되고 있습니다만, 오히려 우리나라에서 출토된 예는 그리 많지 않습니다.

부뚜막형 토기

국립중앙박물관에 전시되어 있는 철제 부뚜막과 고분벽화에 보이는 부뚜막은 고구려의 것으로 유명하고, 경주의 안압지와 포항 안강의 냉수리 고분에서 출토된 부뚜막형 토기는 신라의 것입니다. 다만, 현재 국립김해박물관에 전시되고 있는 부뚜막형 토기는 김해와 같은 가야 지역에서 출토된 것이라 전해지고 있습니다. 부뚜막, 솥, 시루, 뚜껑으로 이루어진 완전한 조합입니다. 무엇보다도 최근에 김해 봉황대 유적의 발굴조사에서 이들의 선조뻘 되는 이동식 부뚜막이 출토되었습니다.

가야 이동식 부뚜막

일본 연구자의 일부는 이치스카 고분군의 부뚜막형 토기를 백제계로 보기도 하지만, 가야에서 출토된 것은 있어도 백제의 예는 아직 없습니다.

고대 일본의 부뚜막 신사

더구나 최근까지 독도 영유를 주장하고 있어, 한·일 두 나라 사이 갈등의 한가운데 있는 시마네 현(島根縣)은 아이러니컬하게도 동해에 면해 있는 지리적 조건 때문에 가야 부뚜막신의 이주 흔적이 분명한 곳의 하나입니다. 시마네 현 히라타 시(平田市)에 있는 가라카마 신사(韓竈神社)는 가야계 문화의 부뚜막신이 이주한 흔적이 강하게 남은 것으로 유명합니다.

앞서 말했듯이 가라카마 신사의 '가라(韓)'는 '가라' 즉 가야이고, '카마(竈)'는 부뚜막으로, '가야의 부뚜막신사'라는 이름입니다. 이 신사에서는 지금도 철제 솥이 걸쳐진 부뚜막을 주신으로 모시고 있습니다. 또 가라카마 신사 옆으로는 가라카와(唐川, 韓川)가 흐르고, 대한해협으로 나가는 강 하구는 가마우라(釜浦)로 불리고 있습니다.

즉, 가마솥과 부뚜막 신앙을 가지고 대한해협을 건넌 가야인이 처음 상륙했던 곳이 가마우라, 즉 '가마솥 포구'였고, 내륙으로 들어가면서 이용했던 하천이 '가라카와' 즉 가야천이었으며, 정착해 가야의 부뚜막신을 모신 곳이 가라카마 신사였다는 얘기가 됩니다. 이러한 지명들은 현재는 물론 고대의 기록에서도 확인되는 것들입니다.

가라카마 신사에서 서쪽으로 하마야마(彌山, 해발 495미터)를 넘으면, 거기가 바로 이즈모 대사(出雲大社)입니다. 일본에서 11월은 '신(神)이 없는 달'이라 합니다. 일본 전국의 신들이 한 해의 결산을 위해 이즈모 대사로 모이기 때문이랍니다. 지금도 이즈모 지역은 일본 신들의 고향입니다. 또한 이즈모 국(出雲國)은 야마토(大和, 나라)·기비(吉備, 오카야마)·규슈 북부와 함께 일본 고대사의 4분의 1을 차지하던 곳이었습니다. 이즈모 시에 있었다는 가야신사(加夜神

일본 부뚜막 신체(神體)

社)는 지금의 가야당(加夜堂)입니다. 가야 사람들이 이주하여 생활했던 터전이었음을 아울러 기억해두었으면 합니다.

아울러 이즈모 남쪽에 있으면서 일본 고대사의 또 다른 4분의 1을 차지하고 있던 기비, 오카야마(岡山)에서는 지금도 하루에 두 번씩 부뚜막신에게 기원하는 제사가 열리는 곳이 있습니다. 바로 현재도 가야 군(賀陽郡)이라 불리는 소우자 시(總社市)의 중심에 자리한 기비진 신사(吉備津神社)입니다. 북한학계가 가야계의 분국(分國)이 있었다고 주장할 정도로 가야색이 뚜렷한 지역으로, 그 중심에 부뚜막신이 모셔지고 있는 것입니다. 더구나 여기에 머리가 묻혔다는 토착신 우라(溫羅)는 백제계 또는 야마토 세력에게 축출당한 가야 계통의 신으로 여겨집니다. 고대 일본에서 가야의 부뚜막 귀신을 모시던 또 하나의 뚜렷한 예로 보면 좋을 것 같습니다.

일본에서 신이 된 가야인들

가야 사람들은 부뚜막 신앙을 가지고 일본열도의 곳곳에 이주하였고, 거기에서도 자신들의 신앙생활을 하면서 가야의 정체성을 확인하고 있었습니다. 한반도에서 가야는 신라에 통합되었고, 일본열도에서도 관료로 출세했던 백제계 이주민이나, 경제적으로 성장했던 신라계 이주민에게 밀렸습니다. 그러나 가야인들은 일본열도에서 신이 되었습니다. 일본천황가의 고향이자 일본인들의 정신적 기둥인 이세 신궁(伊勢神宮)의 중심부 깊은 곳에는 가라카미, 곧 가야의 신이 소중하게 모셔지고 있습니다. 아마도 현세에 이기지 못했던 가야인들이 내세에서 신이 되어 섬겨지게 된 것인지도 모르겠습니다. 이런 생각이 가야사를 전공하고, 언제나 가야 편만 드는 저 자신의 위안과 혼자만의 상상은 아니기를 바랍니다.

13. 천군(天君)의 마을, 양동 고분군

현장 발표회

1994년 1월이었다고 생각됩니다. 드물게 가야사를 전공한 제가 가야의 옛 서울 김해의 인제대학교에 부임하여 이제 막 첫 학기를 마친 겨울이었습니다. 대학교수가 되어 처음 가보았던 김해시 주촌

양동 고분군 발굴 전경_동의대박물관

면 양동 고분군 발굴조사 현장발표회에서 일어난 일이었습니다. 현장 발표회란 발굴조사에서 확인된 내용을 처음으로 언론과 학계에 공개하는 자리로, 조사단의 지도위원에게 보고하고 자문을 구하는 자리도 되기 때문에 지도위원회라고도 합니다.

이런 현장 발표회는 대개 발굴개요의 보고, 조사현장의 견학, 간단한 출토유물의 전시로 진행됩니다만, 출토유물이 전시된 탁자 위에 단연 눈길을 끄는 유물이 있었습니다. 다리 3개에 2개의 큰 귀가 달린 둥근 청동제 솥으로, 청동정(靑銅鼎)이라 부릅니다. 모양도 특이하지만, 출토 예가 많지 않았던 탓에 많은 관심이 집중되었습니다.

그런데 어느 신문기자가 사진을 찍다가 다리 하나를 붙잡아 자기 쪽으로 돌리려 하자, 그만 다리가 덜렁 떨어져 버렸습니다. 솥의 뒷면을 찍으려 했던 모양이었지만, 떨어진 다리 하나를 마치 닭다리처럼 들고서 황당해 하던 모습은 지금도 잊히질 않습니다. 탁자를

현장 발표회(가운데 임효택 단장, 오른쪽 김병모 위원), 현장 발표회에서 처음 소개된 청동정

사이에 두고 바로 앞에 서 있던 제 가슴이 철렁했던 것은 말할 것 없고, 되새겨보는 지금도 가슴이 두근거립니다. 2천 년 이상 견뎌오느라 많이 약해져 있던 탓도 있었겠지요. 물론 잘 보수되었고 보존처리를 거쳐, 지금 여러분은 국립김해박물관의 전시실에서 만나 볼 수가 있게 되었습니다.

X선 조사

많이 놀라기는 했지만, 오히려 보수와 보존처리를 위해 펼쳤던 X선 조사는 아주 중요한 역사적 사실을 확인하는 계기가 되었습니다. X선 투시를 하자 다리부분에 이미 가야시대에 납땜질했던 흔적이 확인되었고, 솥바닥에서도 여러 차례에 걸쳐 납땜질했던 흔적이 확인되었습니다. 사진이나 실물을 자세히 들여다보아도 알 수 있지만, 조사보고에 따르면 청동정의 아가리 부분에는 모두 14자의 글자가 새겨져 있습니다. 그 가운데 '서구궁(西口宮)' 으로 읽히는 명문(銘紋)이 포함되어 있습니다.

'구(口)' 는 '곡(谷)' 으로 읽히기도 하지만, 궁(宮)은 궁궐이 아니라 고대 중국에서 청동기를 제작하는 공방을 뜻합니다. '서구궁' 이라면 1세기쯤 중국에서 청동기를 생산하던 유명한 공방 이름이 되고, 그렇지 않더라도 청동정의 생김새로 보아 기원전 1세기 ~ 기원후 1세기에 황하 중·하류 지역에서 만들어졌던 것이 분명하답니다. 새겨진 글자 또한 한대(漢代, 기원전 2세기 ~ 기원후 2세기)까지 사용되던 전서체(篆書體)라고 합니다.

2백여 년의 제사

이 청동정을 중국에서 기원전후에 만들어진 것으로 보기에는 아무런 문제가 없습니다. 그러나 이 청동정이 출토된 322호 목곽묘는 무려 2백여 년 뒤에 만들어진 3세기쯤의 고분으로 보고 있습니다. 무덤 속에 부장품으로 넣어진 청동솥의 연대와 무덤이 만들어진 연대 사이에 거의 2백 년의 차이가 나는 것입니다. 그래서 무덤의 연대와 청동솥의 연대가 다 맞는다면 이렇게 생각할 수밖에 없습니다. 기원전후에 중국에서 만들어진 것이 2백여 년의 세월이 지난 뒤에 가야의 무덤에 묻히게 되었다는 추정이 됩니다. 어떻게 해서 이런 차이가 났을까요?

이 2백 년의 공백을 메운 것은 뜻하지 않은 X선 조사에서 나타난 많은 납땜질 자국이었습니다. 지금 우리가 치르는 제사에서도 그렇지만, 이런 모양의 청동정은 보통 제단의 가장 앞에 놓이는 향로로 사용되는 것이 보통입니다. 향로는 장례나 제사에서 맨 앞자리를 차지하는 중심적 상징물입니다. 그렇기 때문에 이 청동정 또한 양동리 가야마을의 제사에서 중심의 자리를 차지하고 있었던 것으로 생각되고, 그래서 바닥이 닳아 뚫어져도 쉽게 버리지 못하고 땜질까지 해 가며 대를 이어 사용했던 것으로 보입니다. 2백 년이란 세월이 지나면서 청동정이 상징하는 양동리 마을의 독자적 색채가 엷어졌기 때문에, 무덤의 부장품으로 들어가게 되었을 것입니다.

서북한 출신의 가야마을?

중국에서 만들어진 청동정을 집단의 상징으로 2백 년 동안이나 제사의 중심 상징물로 사용했던 사람들이 바로 양동리 고분군의 주인공들이었습니다. 따라서 양동리의 가야마을 사람들은 낙랑군과 대방군이 있어 중국문화의 영향을 강하게 받던 서북한 지역에서 남하했던 사람들로 추정되고 있습니다. 이들은 수로왕과 허왕후처럼 바닷길을 거쳐 김해에 들어온 사람들이었습니다.

양동리 고분군 바로 아래쪽 유하리에는 하손 패총이 있고, 바로 위쪽으로는 양동산성이 남아있습니다. 한창 발굴조사 중인 양동산성은 아마도 가야산성으로 확인되는 최초의 예가 될 것으로 보이고, 하손패총에서는 엄청나게 쌓인 조가비와 수많은 가야 토기의 파편들이 발견되고 있습니다. 곧 양동리 고분군의 주인공들이 살았

방격규구사신경(왼쪽 평양, 오른쪽 김해 양동리 유적)_동의대박물관

발굴조사 중인 양동산성

던 삶의 터전이 하손 패총이었고, 그들의 방어적 군사시설이 양동산성이었던 것으로 보입니다.

하손 패총의 정상부에 올라 보면 지금은 김해평야로 변해버린 옛 김해만이 한눈에 들어옵니다. 해양왕국의 항구에 아주 적합한 지형이었음을 알 수가 있습니다. 양동리 고분군이 자리한 주촌은 지금 '술 주(酒)' 자의 주촌(酒村)으로 표기하지만, 원래는 '배 주(舟)' 자의 주촌(舟村)이었고, 고려시대까지 항구마을로서 크게 번성하던 곳이었습니다.

가야 고분의 전시장

양동 고분군은 김해 시내에서 서쪽으로 경운고개를 넘어 4킬로미터쯤 가면 나오는 가곡마을 뒷산에 있습니다. 거의 모든 종류의 가야 고분들이 발견되고 있기 때문에, '가야 고분의 전시장'이라 할 만합니다. 1969년에 처음으로 중국제 청동거울이 수습되면서 알려지기 시작해서 1984년, 국립문화재연구소와 국립진주박물관이 발굴조사하였고, 1990년부터 1996년까지 부산의 동의대박물관이 연차적으로 발굴조사했습니다.

수백여 기나 되는 목관묘, 목곽묘, 석곽묘 등에서는 널받침으로 사용되었던 납작도끼 모양의 판상철부(板狀鐵斧), 주인공의 가슴께에 놓여 있었던 청동거울 9장, 철복(鐵鍑)이라 부르는 철솥과 네 귀에 고사리 모양의 장식이 달린 말 재갈, 그리고 앞에서 얘기했던 중국제 청동향로, 청동솥 등이 출토되었습니다.

이러한 유물들은 3세기 무렵의 가락국이 쇠(철)의 왕국인 동시에 해양왕국이었던 모습을 유감없이 보여주고 있습니다. 쇠솥과 말 재갈, 그리고 중국제 청동향로는 북방의 유목민과 중국적 문화를 아울러 가지고 있었던 가야왕국의 복합적 출신과 구성을 짐작케 합니다.

영롱한 옥과 구슬

양동 고분군에서 출토되는 수많은 유물 가운데 많은 사람의 눈길을 끄는 것이 또 있습니다. 2천 년에 가까운 세월이 지난 지금까지도 영롱하고 찬란한 빛을 발하고 있는 옥과 구슬 장식들입니다. 같은 김해시 중심의 대성동 고분군에 견주어 옥과 구슬이 유난히 많다는 느낌을 받는데, 옥과 구슬 장식의 대부분은 목걸이로 생각되고 있습니니

양동 235호분 출토 목걸이_동의대박물관

다. 유리·수정·마노·경옥 등이, 곡옥(曲玉)·대추옥·다면옥(多面玉)·대롱옥·환옥(丸玉) 등의 모양으로 만들어져, 투명하게 또는 남색·청색·황색·홍색 등의 다양한 색깔로 빛나고 있습니다. 462호분에서는 금박(金箔)을 씌운 곡옥이 출토되기도 하였습니다. 이러한 옥과 구슬들은 목걸이를 만들기 위해 실을 꿸 수 있는 구멍을 뚫었고, 아름다운 모양과 더 빛나는 광채를 위해 곡옥이나 다면옥으로 가공되었습니다. 수정이나 옥으로 만들어진 목걸이 장식들에는 가늘고 곧은 구멍이 말끔하게 뚫려있고, 다면옥의 각진 부분 또한 너무나 깨끗하게 커팅되고 갈려 있습니다.

금박을 씌운 곡옥 목걸이_동의대박물관

옥공예 전문가

철이나 금강석으로 만든 성능 좋은 드릴이나 그라인더가 있을 리도 없었던 시기에 어떻게 갈았고 어떻게 구멍을 뚫었을까요? 먼저 돌에 갈다가, 다시 나무에 문지르다, 끝으로 사슴가죽 등에 연마했을 것이고, 수정이나 경옥에 나무로 가늘고 곧은 구멍을 뚫었을 것입니다. 나무로 수정과 옥을 뚫다니요? 이렇게 했다고 생각됩니다. 먼저 돌로 약간의 흠집을 내고, 흠집 위에 금강사 가루를 뿌리고, 그 위에 젓가락 같은 나무막대기를 대고, 손으로 비벼 돌려서 구멍을 뚫었을 것입니다. 도대체 얼마만큼 비벼 돌려야 그 단단한 수정에 구멍이 뚫리겠습니까. 밥만 먹으면 갈고 돌려야 했을 거고, 그 일만 하고 생업에는 종사하지 않아도 되는 옥공예 전문가가 반드시 있었을 겁니다.

전기 가야 사회에서 직업분화의 상황을 엿볼 수 있는 자료도 됩니다만, 양동리 가야마을 사람들의 옥과 구슬에 대한 집착을 짐작할 수 있는 대목입니다. 그렇습니다. 《삼국지》가 "가야 사람들은 금이나 은보다 옥과 구슬을 더 좋아 한다"고 전하는 내용과 일치하는 부분입니다. 이것은 대부분의 가야 유적에서 공통으로 확인되는 경향으로, 가야에서 금·은으로 만든 유물이 별로 출토되지 않는 이유가 되기도 합니다. 김해시 중심의 대성동 고분군이나 다른 가야 유적에 견주어, 아름답고 화려한 옥과 구슬로 만든 목걸이가 다량 출토되고 있는 양동리 가야마을이 좀더 여성적이고 종교적이라는 느낌이 있습니다. 과연 저 혼자만의 생각일까요?

불태워진 무덤 방

지금까지 양동 고분군의 청동솥과 옥구슬 목걸이를 소개하면서, 양동리 가야마을 사람들의 종교적이며 여성적인 느낌에 대해 애기했습니다만, 이러한 문화적 특징과 신앙적 분위기를 더 극적으로 보여주는 것이 불태워진 무덤이 아닐까 합니다. 화려한 목걸이가 출토된 235호분이 불태워졌기 때문입니다.

불태워진 목곽(양동 235호분)

발굴조사단에 따르면, 먼저 나무로 된 네 벽의 방인 목곽을 만들어, 죽은 이를 넣은 목관을 모시고, 여러 가지 부장품을 놓아둔 뒤에, 목곽을 불태웠던 것으로 보인다고 합니다. 남은 상태로 보아 목곽의 벽이 완전히 무너져 내리거나 재로 변할 때까지 태웠던 것은 아닌 것 같습니다만, 부장되었던 토기 가운데는 아주 센 불에 맞아 산산조각이 나거나 표면이 떨어져 나간 것들이 있습니다.

양동 고분군에서 이렇게 불태워졌던 무덤은 235 · 287 · 299 · 310 · 318 · 323호 등 모두 6기가 확인되었습니다. 공교롭게도 이들 무덤은 모두 3세기 무렵의 것으로, 이 시기에만 집중되어 있는 특징을 보이고 있습니다. 3세기 무렵의 김해에서 유행하던 풍습이었다고 보면 좋을 것 같습니다. '영남 최초의 화장(火葬)'이라 할 수도 있는데, 우리 땅에 화장의 풍습을 일으킨 불교가 전파되기 이전의 일입니다. 물론 이 또한 만주의 부여나 고구려 유적에서도 확인되는 현상으로, "토착적이기보다는 외래적이며 예외적인 풍습의 하나로 생각된다"는 조사단의 의견에 고개를 끄덕거릴 수밖에 없습니다.

샤먼, 천군의 무덤?

수백여 기에 이르는 양동 고분군의 숫자에 견주면 결코 많은 것도 아니고, 3세기 대라는 짧은 시대에 편중되는 특징으로 보아, 양동리 가야마을의 보편적인 장법은 아니었다고 할 수도 있습니다. 그러나 235호분의 규모와 화려한 부장품을 보면, 우선 지도자급 인물에 대한 매장의례로 거행되었던 점은 인정할 수 있을 것입니다. 우선 2세기 말～3세기 초로 생각되는 235호분은 길이가 7.6미터나 되는 초대형 목곽묘입니다. 부장품으로는 동복(銅鍑)이라는 북방유목민 계통의 청동솥이 출토되었고, 화폐처럼 쓰였던 판상철부 30매와 53개나 되는 철제 화살촉이 출토되었습니다. 함께 나온 6자루의 쇠창[鐵鉾] 가운데는 무려 227센티미터나 되는, 지금까지 나온 것 가운데 가장 긴 것이 있었고, 최고의 지위를 말해주는 환두대도(環頭大刀, 둥근고리자루 큰 칼) 1자루도 있었습니다. 여기에다가 앞에서 소개했던 화려한 목걸이를 더한다면, 같은 시기 최상급 무덤의 면모와 종교적 색채를 잘 보여주고 있다고 생각됩니다.

판상철부 30매는 '철의 왕국, 가야'를 잘 보여주는 철 소재(ingot iron)이기도 하지만, 지신(地神)에게 바친 묘지 사용 대금이란 해석도 있고, 쇠와 쇠를 다루는 대장장이[冶匠]의 주술적 성격에 대한 유명한 해석도 있습니다. 대장장이의 능력으로 박씨를 물리치고 제4대 신라왕이 된 석탈해(昔脫解)가 있고, 바이칼 호 연안과 남부 시베리아에 거주하며 한민족과 깊은 근친관계를 보이는 부리야트

방제방격규구경(양동 441호 목곽묘)

(Buryat) 족은 쇠를 다루는 샤먼이 사회적 지도자가 되었으며, 아픈 사람 옆에 쇠를 놓아두면 병이 낫는다고 믿었습니다.

쇠를 다루는 대장장이에게 불은 가장 중요하고, 그렇기 때문에 불에 신령이 있다고 믿는 것도 당연하였습니다. 이러한 이유 때문에 많은 철기를 가지고, 가슴에 화려한 옥구슬 목걸이를 걸친 샤먼의 무덤이 불질러졌던 것은 아니었을까요? 삼국의 고분이나 다른 가야 고분들과 다르게, 중국제 청동거울과 그것을 모방한 청동거울이 다수 출토되고 있는 것 또한 이러한 샤먼적 성격을 말해주는 자료가 됩니다.

최초의 화장?

이러한 장법은 시신을 태우는 것도 아니고, 유골을 수습하고 뿌리는 과정도 없었기 때문에, 우리가 생각하는 불교식의 화장과는 다를 것입니다. 더구나 허왕후 전설에서 말하는 서기 48년의 불교 전래가 학술적으로 인정되기는 어렵기 때문에, 양동리 가야마을에서 불교식 장법을 상상하기는 쉽지 않습니다. 불로 목곽을 태우거나 그을리게 하는 것에는 의도적인 기능상실과 정화(淨火)의 의미가 있었을 것으로 여겨집니다. 고대의 제사 유적에서 자주 발견되지만, 바닥이 뚫리거나 깨뜨려진 토기, 부러뜨려진 석기 등은 산 자의 세계, 즉 이승에서 죽은 자의 세계, 저승으로 이행하는 과정에 맞추어 도구의 기능을 잃어버리게 했던 주술행위입니다.

김해 가락국에서 봄의 첫날에 개울에 나가 계욕(禊浴)을 하거나 제사에 바치던 정화수(井華水)는 지난해의 부정을 씻어 주고 생명력을 유지하게 하는 힘을 믿는 데서 비롯된 의례입니다. 물과 같은 능력이 불에도 있다고 믿었을 것입니다. 불에 태워진 목곽은 죽은 자의 부정함을 불에 태워 깨끗이 하겠다는 가야인의 정신세계를 보여주고 있습니다.

14. 왕가(王家)의 언덕, 대성동 고분군

왕가의 언덕

앞에서 둘러보았던 김해시 주촌면의 양동 고분군에서 1~4세기 전기 가야 사회의 천군과 같은 종교적 지도자의 성격을 읽을 수 있었다면, 가락국왕으로서 정치적 군장(君長)의 면모를 더 선명하게 보여주는 곳이 대성동 고분군입니다. 김해 시내 한복판에 있어, 봉황대에서 옛 공설운동장 터, 지금의 수릉원을 지나, 구지봉 쪽으로 오르내리는 낮은 언덕에 자리한 무덤 떼입니다. 김해시가 5년 동안 무려 1,330억의 예산을 들여 정비한 '가야의 거리' 중심에 있어 찾아가기도 쉽고, 가야사의 향기를 쾌적하게 즐기는 데에도 안성맞춤입니다.

그렇기 때문에 대성동 고분박물관 바로 앞의 언덕만을 대성동 고분군으로 생각하기 쉽지만, 남동쪽의 수릉원이나 동북쪽의 구지로 일대에서 확인되고 있는 고분들 또한 대성동 고분군으로 보아야 합니다. 대성동 고분군에 올라 사방을 둘러보면 동쪽으로 분산, 서쪽으로 경운산, 남동쪽으로 임호산 들이 보이지만, 이러한 곳에서 가야 고분은

대성동 1호분 주곽 출토 금은장행엽_경성대박물관

대성동 29호분 출토 금동관편_경성대박물관

물론 가락국 왕릉 급의 고분이 발견된 적은 없습니다.

원래 어느 시대, 어느 집단이나 무덤 쓰는 자리는 정해져 있는 것이고, 6백여 년의 가락국 왕실도 오로지 이 언덕에만 무덤을 썼던 것 같습니다. 파편이긴 하지만 29호분에서는 금동으로 만든 왕관이 나오기도 했고, 1호분에서는 금은 장식의 말갖춤새가 나오기도 했고요. 그런 의미에서 가락국의 역대 왕릉이 자리한 이 대성동 고분군은 '왕가의 언덕'이라 불릴 수 있는 충분한 자격이 있습니다.

열정과 확신의 발굴조사

대성동 고분군은 1990년 6월부터 2001년 9월까지 부산의 경성대 박물관이 벌였던 5차례의 발굴조사로 널리 알려지게 되었지만, 그 시작은 한 고고학자의 강한 열정과 확신에서 비롯되었습니다. 지금은 자리를 옮겨 부산대에서 고고학을 강의하고 있는 신경철(申敬澈) 교수가 바로 그이입니다. 일찍이 중요한 유적이 있는 것은 알았지만, 엄청난 발굴조사의 경비를 마련할 수가 없었습니다. 토지의 형질변경을 위한 긴급조사라면 공사주체가 경비를 대기도 하겠지만, 학술조사를 위한 계획발굴을 지원할 기관이나 단체는 좀처럼 찾기 어려웠던 것입니다.

대성동 고분군 발굴조사 이후에 본격화했던 김해시의 가야사 복원과 가야문화정비사업도 아직은 계획조차 세워지지 못했던 때로, 불확실한 일에 예산을 편성할 수도 없었던 모양입니다. 이에 신 교수는 자신의 전세금을 털어 넣어 발굴하기로 하고, 김해시에 조건을 걸었습니다. 중요한 유물과 유적이 확인되면 발굴이 끝난 뒤라도 시가 경비를 대는 조건이었답니다. 결과적으로 가야의 역사와 고대 한일관계사를 새롭게 밝힐 중요한 사실들이 꼬리를 물고 발견되었고, 다행히도 신 교수는 전

대성동 고분군 발굴조사 초기_대성동고분박물관

대성동 고분군 정비 후 전경_대성동고분박물관

세금을 날리지 않아도 되었습니다.

북경원인(北京猿人)의 연구로 유명한 형질인류학자 와이덴라이히(Weidenreich)가 "어디를 파면 좋을까는 예상되어 있다. 삽과 곡괭이 그리고 참가자들도 준비되었다. 현재 모자라는 것은 자금뿐이다"라고 했던 것과 너무도 비슷한 상황이었던 것 같습니다. 획기적인 대성동 고분군의 발굴을 둘러싸고 생긴 영남 고고학계의 전설일 수도 있지만, 언젠가 직접 신 교수에게 물었을 때 심하게 부인하지도 않았으니, 그만큼 어려웠던 초기 발굴조사의 환경을 짐작하는 데는 문제가 없으리라 생각합니다. 이렇게 어렵사리 얻어진 대성동 고분군의 발굴정보는 우리에게 가야사 복원을 위한 새롭고 중요한 재산이 되고 있습니다.

애기 구지봉

김해 사람들은 대성동 고분군이 자리잡은 언덕을 '애꾸지' 라고도 부릅니다. '애꾸지' 는 '애기구지' 로서 애기 구지봉을 뜻한다고 합니다. 고분군 북쪽으로 얼마 되지 않은 곳에 구지봉이 보이고, 그 앞쪽으로 국립김해박물관이 보입니다. 시조 할아버지 수로왕이 등장하고, 가락국 건국신화의 무대가 되었던 곳이 구지봉이라면, 가락국 왕실의 후손들이 대대로 묻혔던 언덕을 '애기 구지봉' 이라 부르는 것은 너무나 자연스럽습니다. 땅 이름이 전하고 있는 지역 전설의 역사성을 다시 한 번 생각하게 하는 대목입니다.

새로 밝혀지는 사실들

가락국 왕가의 언덕, 대성동 고분군 발굴에서 가야사와 고대 한일관계사를 새롭게 밝혀줄 수많은 사실들이 확인되었습니다. 29 · 47호분의 청동솥, 11 · 67호분의 호랑이 모양 청동버클 호형대

1 대성동 13호분 출토 왜계 석제품 **2** 46호분 출토 벽옥제옥장 **3** 23호분 출토 사신경 _경성대박물관

구(虎形帶鉤), 구지로 42호분의 마형대구(馬形帶鉤), 1호분의 말 뼛조각 등은 북방유목민족의 상징으로서 일본의 '기마민족설'과 관련되어 주목되었고, 2·13·23·39호분의 바람개비 모양 파형동기(巴形銅器) 11점, 1·2·8·11·15·18호분의 통형동기(筒形銅器) 14점, 46호분의 옥장식과 13호분의 화살촉 모양 석제품 등은 일본열도와 관련되기도 하였습니다.

그런가 하면 29호분의 판상철부와 2호분의 철정과 같은 다량의 덩이쇠, 14호분의 내행화문경(內行花文鏡)과 23호분의 방격규구사신경(方格規矩四神鏡) 같은 중국제 청동거울은 왕성한 철의 생산과 해상왕국의 면모를 유감없이 보여주었습니다. 발굴당시까지만 해도 왜 계통의 물건으로 생각되던 통형동기는 과거 백 년 동안 일본 전국에서 모두 40여 점이 출토되었을 뿐인데, 대성동 고분군 한 곳에서만 14점이나 출토되었고, 인접한 양동 고분군의 출토를 더하여, 가야 원산지설이 주장되기에 이르렀습니다.

57호분의 여성인골은 과학적 복원을 통해 생생한 가야 여인의 모습으로 고분박물관 전시실에 서 있게 되었습니다만, 최근에는 뜻하지 않은 '가야 여전사냐, 아니냐' 하는 시비에 휘말리고 있습니다. 조금 뒤에 다시 얘기해 보겠습니다.

할아버지 무덤의 파괴?

앞에서 사진으로 보여드렸습니다만, 발굴조사 뒤에 대성동 고분군은 흙을 덮고 잔디를 입히고 색색의 벽돌로 금을 그어 지하 고분

1 대성동 1호분 주곽 출토 통형동기 **2** 47호분 출토 동복 _경성대박물관 **3** 11호분 출토 호형대구 _국립김해박물관 **4** 구지로 42호 석곽묘 출토 마형대구 **5** 대성동 13호분 파형동기 출토상태 _경성대박물관

의 자리와 크기를 표시한 언덕과 고분박물관으로 정비되어, 역사문화와 휴식을 동시에 즐길 수 있는 참 좋은 유적공원으로 변신하였습니다. 고분공원에는 발굴조사의 내용과 가락국의 역사를 함께 소개하는 고분박물관, 29호분과 39호분을 발굴 당시의 모습으로 재현한 노출전시관이 있습니다.

그러나 이곳을 찾는 이들이 반드시 고개를 갸웃거리는 대목이 있습니다. 고분의 위치를 표시한 색 벽돌의 선이나 노출전시관 안에 복원해 놓은 무덤들이 서로 뒤엉켜 있기 때문입니다. 후대의 무덤이 전대의 무덤을 파괴하면서 만들어지기를 반복했던 모습입니다. 고분의 평면구조는 모두 사각형이지만, 노출전시관에서는 3개의 구덩이가 뒤엉킨 상태로 보일 뿐입니다. 커다란 29호분의 오른쪽을, 39호분의 주곽(主槨)과 부곽(副槨)이 파괴해 들어가면서 더 깊이 만들어진 모습입니다. 사각형의 구덩이는 3개지만, 무덤은 2기입니다. 39호분은 주인공이 들어가는 주곽과 부장품을 넣는 부곽으로 이루어진 형식의 무덤이기 때문입니다.

시간상으로는 먼저 3세기 후반에 29호분이 만들어졌고, 4세기 후반에 39호분이 29호분을 파괴하면서 들어서게 되었던 것으로 보입니다. 그러니까 두 무덤은 3세대 정도의 시간 차이로, 손자 세대의 39호분이 할아버지 세대의 29호분을 파괴한 꼴이 되는 것입니다. 이런 현상을 중복(重複)이라 정의하는 고고학계에서는 이에 대한 해석과 논쟁이 한창입니다. 해석에 따라서는 가야인의 정신세계는 물론, 가야사 복원의 중요한 내용과 방향이 크게 바뀔 수도 있는

대성동 29호분을 파괴하고 들어선 39호분

'뜨거운 감자' 가 되고 있습니다. 지금까지는 대체로 다음과 같은 세 종류의 해석이 나오고 있습니다.

가야사 연구의 뜨거운 감자

첫째로 새 이주 집단이 전 시대의 권위를 파괴하고자 의식적으로 토착집단의 무덤을 파괴하면서 자신들의 무덤을 세웠다는 생각입니다. 이는 고분군의 발굴을 담당했던 신경철 교수의 해석입니다. 3세기 후반에 만주의 길림시 일원에 있던 부여국(夫餘國)이 285년에 모용외의 침입을 받아 두만강 하류 지역으로 피난했을 때, 한 갈래가 동해를 거쳐 김해에 들어와 새 왕조를 세웠던 증거로서, 그 주인공의 무덤이 29호분이며, 가락국의 시작이었다는 겁니다. 아주 드라마틱한 해석이지만 여러분도 보시다시피 29호분이 다른 고분을 파괴한 것이 아니라, 오히려 후대의 39호분 때문에 파괴된 것과는 어울리지 않습니다.

더구나 3세기 후반이라는 29호분의 연대추정은 앞뒤 시대의 토기를 늘어놓아 얻은 것으로, 이전 시대의 토기와 형식적인 공통성을 인정하기 때문에 가능했던 것입니다. 저 북쪽 만주에서 홀연히 나타난 사람들의 토기가, 그때까지 김해에 살고 있었던 토착민들의 토기와 같은 계통일 수는 없었을 것입니다. 아주 이질적인 양쪽의 토기를 같은 시간 축에 올려놓고 선후를 판단할 수는 없습니다. 고고학의 가장 기본적인 방법이 그렇습니다. 그리고 문자 기록에서 보더라도, 부여에서 갈려 나갔던 동부여는 물론, 고구려와 백제까지 드문 기록 속에서도 반드시 그 흔적을 남기고 있습니다. 고구려의 건국신화는 건국자 주몽이 부여에서 나왔음을 분명히 하였고, 백제는 부여라는 왕족의 성씨로서 뚜렷한 흔적을 남기고 있습니다. 이러한 가설대로라면 부여족이 세운 왕국이 가락국이었을 것인데, 그에 관련된 티끌만한 흔적조차 없습니다.

둘째는 묘역론(墓域論)입니다. 무덤을 쓰는 자리가 정해져 있다는 생각입니다. 5백~6백여 년 동안 이 좁은 언덕에만 무덤을 썼으니, 중복될 수밖에 없지 않느냐는 것입니다. 양동 고분군을 발굴했던 임효택 교수의 해석입니다. 대성동 고분군을 두르듯이 인접해 있는 남쪽의 임호산, 서쪽의 경운산, 동쪽의 분산이 있지만, 여기에 가야 고분이 만들어지지는 않았습니다. 오로지 이곳 '애구지' 만이 묘역으로 선택되었고, 같은 언덕에서도 다시 좋은 땅과 나쁜 땅의 구별이 있어, 좋은 땅에만 무덤을 쓰느라 중복될 수밖에 없었다는 겁니다. 그러나 언덕 전체에 무덤들이 분포하고 있는 현상을 보면, 물론 빽빽하기는 하지만, 그렇다고 빈 공간이 전혀 없었던 것은 아닙니다. 중복을 피할 수 있었는데 그렇게 하지 않았다는 것입니다. 그렇기 때문에 일리가 있는 해석이긴 하지만, 아직 미진한 부분이 있는 것도 사실입니다.

셋째는 일본인 연구자가 단편적으로 언급했던 생각의 하나로, 대성동 고분군의 중복이 몇 개의 무리로 나누어져 있다는 특징과 일본에서 비슷한 경우의 인골 자료에 대한 연구를 거쳐 얻어진 해석입니다. 몇 기의 고분이 서로 중복된 덩어리가 하나의 친족집단이었다는 생각입니다. 쉽게 말해 자식이 죽은 뒤에 어버이의 품으로 돌아간다는 생각에서, 선대의 무덤 한 부분을 깨고 후손의 무덤을 만들었던 것으로 보는 거지요. 곧 '대성동 고분군에서 보이는 중복은 하나의 가족 또는 친족집단의 표시이다' 라는 해석입니다.

저는 셋째 견해가 좋은데 여러분은 어떻게 생각합니까? 물론 첫째와 같이, 만주의 기마민족이 경상남도 김해까지 내려와 새로운 왕국을 세웠다는 생각이 극적이기는 합니다. 그러나 신경철 교수가 내세우는 근거에는 많은 문제점이 있습니다. 언젠가 김해시에서 열렸던 가야사학술회의의 토론장에서는 학설의 폐기를 종용하는 지적들까지 있을 정도였습니다. 또한 3세기 후반 29호분의 주인공을 가락국 건국의 시조로 보거나 가야사의 시작으로 보려는 생각은 《삼국유사》 〈가락국기〉와 《삼국지》가 전하는 1세기 무렵 수로왕의 건국이나 구야국(狗邪國) 곧 가야국의 존재와 정면으로 대치되는 것입니다.

더구나 신경철 교수는 5세기가 되면 대성동 고분군에 더 이상 왕릉이 만들어지지 않는 것으로 보아, 가락국의 지배집단이 부산 동래의 복천동 고분군 지역으로 이동했다고 추정하고 있습니다. 그렇다면 김해 가락국의 가야사는 3세기 후반부터 5세기까지 겨우 백 년이 조금 넘는 것밖에 되지 않는다는 말이 됩니다. 6백 년의 가야사는 어디로 가야할까요? 참, 부여에서 내려와 가락국을 열었던 주인공의 무덤이라는 29호분에서는 시루도 출토되었습니다. 지금도 그렇지만, 시루는 떡을 찌는 질그릇입니다. 떡 해 먹는 기마민족이라니? 좀 이상하지 않습니까?

역사스페셜의 위력, 가야의 여전사 시비

2005년 8월, 대성동 고분군은 다시 한 번 세간의 주목을 끌게 됩니다. KBS 역사스페셜 〈가야에 여전사가 있었다〉라는 역사 다큐멘터리 덕분이었습니다. 금세 '아마조네스'라도 연상시킬 만한 제목처럼 그 반응도 제법 선풍적이어서, 2007년 4월에는 비슷한 주제의 《거미》라는 역사소설도 출간되었고, 김해시 공무원의 필독서가 되기도 하였습니다.

본의 아니게 저도 이 다큐에 얼굴을 내밀었기에 한마디 해야 할 것 같습니다. 원래 프로그램의 기획자문과 출연 인터뷰에 응할 때까지의 방송 주제는 '해상왕국, 가야'였습니다. 마침 〈불멸의 이순신〉이 안방극장을 독차지하고 있던 때로, 남해안 최초의 해전이기도 하였던 가야와 신라 사이의 포상팔국(浦上八國) 전쟁과 고대 동아시아 해상무역의 주체였던 가야를 재조명해보면 어떻겠냐는 취지로 제작되고 있었습니다.

그러나 방영이 얼마 남지 않았을 때, 대성동 고분군을 발굴한 부산 경성대박물관에서 했던 인터뷰에서 '여전사' 얘기가 나왔고, 마침내 방송의 주제는 '가야의 여전사'로 돌변하였습니다. 다른 출연자는 모르겠지만, 저는 분명히 해상왕국에 대한 인터뷰를 했는데, 생각지도 않은 '가야의 여전사' 얘기에 얼굴을 보탠 꼴이 되었던 것입니다. 물론 학술논문을 쓰는 과정에서조차 의도하지는 않았지만, 새로운 사실이 발견되면 주제를 바꾸기도 합니다. 그러나 그에 따른 별도의 고민과 숙성의 과정은 당연히 거쳐야 합니다. 그런데도 방영이 얼마 남지 않은 시점에서 전혀 다른 주제로 전환한 것은 제대로 검증되지 못한 내용을 역사적 사실처럼 전파하는 잘못을 범하게 되었습니다.

더구나 '여전사'는 '신비의 가야'나 '수수께끼의 왕국'과 비슷한 어감의 수식어로, 일반인들의 흥미를 끌기에 좋을지는 몰라도, 가야의 역사와 문화를 더욱 저급하거나 막연한 것으로 인식시키기도 합니다. 그런데도 역사스페셜의 위력은 실로 막강해, 외부에 강연을 나가면 아직도 '여전사'의 질문이 심심치 않고, 심지어는 우리 학생들까지도 사실 여부를 묻습니다.

57호분의 여성인골

물론 발굴조사 보고서에서도 "여성 중무장의 가능성과 여전사의 존재도 상정할 수 있다"고 서술하였습니다. 그러나 여전사로 추정되는 대성동 57호분의 인골과 매장상태를 보면 그렇게 보기 어려운 부분도 있습니다. 57호분에 매장된 주인공의 발치 쪽에는 20~30대의 여성 3명이 나란히 가로 방향으로 누워있었습니다. 주인공을 따라 죽었던 순장자인데, 머리맡에서 5개의 철제 투구와 갑옷 조각, 안쪽 좌측에서 판갑조각이 각각 발견되었기 때문에 이러한 추정이 시작되었습니다. 더구나 넓적다리뼈와 정강이뼈의 가자미근선에서 다리 근육의 발달이 확인됨으로써, 여전사의 추정에 날개를 달았습니다. 벽쪽 A인골이 152.6센티미터, 가운데의 B인골이 148.7센티미터, 안쪽의 C인골이 147.7센티미터의 신장으로

대성동 57호분 목곽묘 전경_대성동고분박물관, 57호분 출토 종장판주_경성대박물관

'얼마간의 노동' 이 인정되기는 합니다만, 1～2회 출산의 흔적도 아울러 확인되고 있습니다.

57호분은 4세기 후반의 무덤이기 때문에, 5세기가 시작되는 400년에 고구려 광개토대왕과 벌인 전쟁과는 전혀 무관한 사람들인데도, 소설에서는 같은 전쟁에서 펼친 활약을 이야기하는 모양입니다.

여전사 추정의 걸림돌

그러나 이들을 '가야의 여전사' 로 추정하는 데는 몇 가지 문제가 있습니다. 우선 최대의 걸림돌은 투구와 갑옷은 있었지만 착용한 상태가 아니었다는 점입니다. 순장자는 생전에 주인공을 모시던 모습으로 매장되는 것이 보통으로, 중국 진시황릉의 병마용(兵馬俑)은 너무도 유명하지 않습니까? 비록 생사람의 순장을 도기(陶器)로 대신하는 도용(陶俑)이긴 하지만, 갑옷을 차려 입고 무기를 든 군단들이 생전의 진시황을 모시던 모습으로 늘어서 있습니다.

키가 큰, 그래야 152.6센티미터에 지나지 않지만, A여성은 투구 위에 머리를 놓아 목이 앞으로 꺾여 있었고, 가운데 B여성은 머리맡에 세워있던 투구가 넘어져 머리 위에 떨어져 있었습니다. 더구나 투구는 5개인데, 순장된 여성은 3인뿐입니다. 도굴로 인골이 없어졌을 수도 있지만, 이들의 머리맡과 주인공 쪽의 C여성 좌측에 유물이 남은 상태를 보면 일단 순장자가 더 있었을 가능성은 없는 것 같습니다.

결국 투구와 갑옷은 주인공의 것이지, 순장 여성들의 것은 아니

대성동 57호 A여성 인골 복안 모습, 복원 모습 _경성대박물관

었던 것으로 생각됩니다. 인골의 분석에 따르면 다리 근육도 역사 스페셜이나 소설에서 강조하는 '훨씬'이 아닌 '다소'의 발달이었고, 군사훈련이라기보다 '얼마간의 노동'과 한두 번씩 아이를 낳았던 여성들이었습니다. A와 B여성의 치아에서는 심각한 영양장애를 경험했던 흔적도 확인되었고, 세 여성 모두 전형적인 한국인의 단두(短頭)와는 구별되는 두개골의 특징을 보이고 있습니다.

굶주려 죽을 정도의 경험을 했던 호위전사도 이상하고, 다른 계통의 체질을 보인다는 점도 특별해 보입니다. 전사라기보다는 외래계의 여인으로서 가락국의 왕에게 봉사하면서, 아이를 낳기도 했던 후궁이나 첩과 같은 사람들은 아니었을까요?

최초의 가야왕관?

대성동 고분군의 무덤들은 남북 양 끝의 낮은 평지에서 만들어지기 시작해, 중앙의 가장 높은 언덕에서 마지막을 장식하였습니다. 그렇기 때문에 남쪽 끝의 수릉원과 북쪽 끝의 구지로 부근에서는 2천 년 전 가락국 탄생기의 고분들이 조사되고 있습니다. 수릉원 쪽은 '수로왕릉은 가짜인가?' 하는 이야기에서 말씀드렸으니까, 여기에서는 구지로 쪽의 상황을 잠깐 이야기할까 합니다.

대성동 고분군의 북쪽 끝자락을 가로지르는 구지로는 김해 시내에서 내외동으로 건너가던 구부러진 도로를 직선으로 고치면서 생긴 길입니다. 바로 이 도로 공사에서 57기에 달하는 가락국 초기의 고분들이 조사되었고, 발굴조사단은 구지로 고분군으로 부르기도 하였습니다. 그러나 첫머리에 말씀드린 바와 같이, 시간의 선후관계 차이가 있을 뿐, 왕가의 언덕에 포함시켜 생각해야 할 유적들임은 분명합니다.

이 57기의 고분들 가운데 1기의 특별한 무덤이 있습니다. 지금의 실로암 유치원 바로 앞 도로 밑에 있었던 12호분입니다. 초기의 고분답게 규모도 작고 부장품도 볼품이 없었습니다만, 이마에 철제 띠[鐵帶]를 두른 인골은 뉴스가 되기에 충분하였습니다. 철제 띠가 관(冠)이나 고깔[弁] 같은 모양을 하고 있었기 때문입니다. 《삼국지》는 1~3세기의 전기 가야를 변진(弁辰) 또는 변한(弁韓)으로 기록하였는데, 마한이나 진한과 구별되는 변(弁) 자가 고깔을 뜻합니다.

결국 김해의 변한 사람이 이런 고깔 모양의 관을 썼던 풍습에서

구지로 고분군 발굴 모습

변한으로 불렸을 가능성이 제기되었던 것입니다. 아울러 철제 띠 모양의 관은 무덤의 주인공이 2세기 전반에 지도자적인 위치에 있었음을 보여주는 것으로, 언덕에서 나오는 금동관의 시조 할아버지쯤에 해당된다 해도 지나친 말은 아닐 겁니다. 고대 일본의 역사서인 《일본서기》에서는 가야에서 건너 온 사람을 '머리에 뿔이 난 사람' 으로 묘사하고, 그들의 후예를 '뿔 사람' 이란 뜻의 츠노노오미(角臣)로 기록하고 있습니다. 머리에 관을 쓰던 가야왕의 모습이나, 일본열도로 이주하는 가락인들의 흔적과 관련이 있을지도 모르겠습니다.

부산

(거칠산국, 장산국)

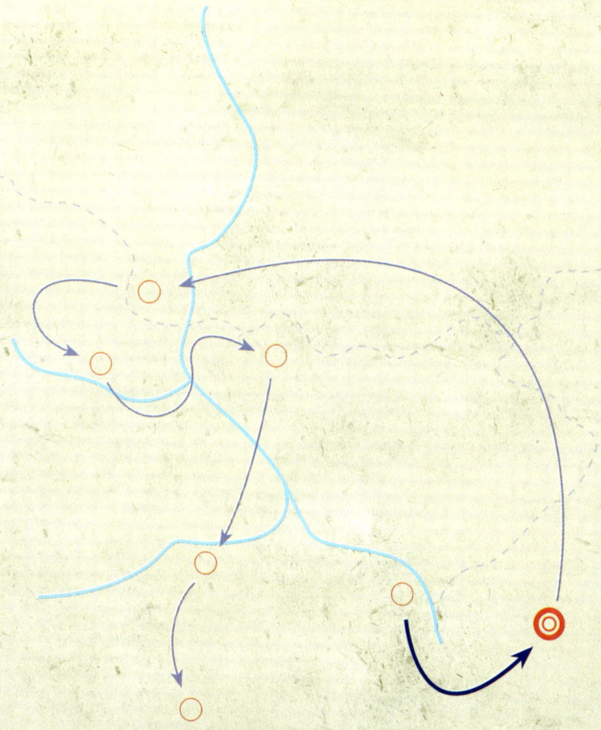

15. 낙동강의 가야나루

김해를 벗어나 부산으로

가야의 역사가 김해에서만 전개된 것이 아니듯이, 우리의 가야사 여행도 김해에서만 맴돌 것은 아닙니다. 가야사는 경남 전역과 부산 · 경북 · 전북의 일부에서도 펼쳐졌고, 가야의 유적은 이들 지역에도 많이 남아 있습니다. 다른 지역, 다른 가야의 유적들과 거기에 얽힌 가야인의 사연도 둘러볼 필요가 있습니다. 그럼 어디로 가야 할까요? 우선 낙동강을 건너 부산으로 가겠습니다. 지금 낙동강을 건너자면 하구언, 낙동대교, 구포대교, 남해고속도로 등 많은 다리가 있지만, 다리가 없던 시대에는 부산의 구포(龜浦) 북쪽으로 물금나루, 용당나루, 삼랑진 등 나루에서 배로 낙동강을 건넜습니다. 이 가운데 양산시 원동면 용당리 615번지, 용당나루에는 지금도 가야진사(伽倻津祠)라는 사당이 있어, 가야와 신라가 낙동강을 경계로 서로 다투던 전설이 남아있습니다.

가야나루의 사당(祠堂)

가야에 '나루터 진(津)', '사당 사(祠)'니까, 가야진사는 가야나루에 세워진 사당입니다. 신라 눌지왕 때 가야국을 정벌하러 가고자 낙동강을 건너던 장병들의 무운과 승리를 기원하던 사당이었다고 전합니다. 지금은 매년 3월 7일에 거행되는 기우제, 용신제(龍神祭)로 유명하지만, 신라 왕실이 해마다 향축(香祝)과 칙사(勅使)를 보내

낙동강 하류의 가야나루(위), 가야진사(아래)

국가제사를 지내던 신성한 곳이기도 하였습니다.

《삼국사기》〈제사지(祭祀志)〉는 신라가 강에서 국가제사를 거행하던 4독(四瀆)의 하나로서, 동쪽의 토지하(吐只河, 형산강), 북쪽의 한산하(漢山河, 한강), 서쪽의 웅진하(熊津河, 금강)와 함께 남쪽의 황산하(黃山河)를 전하고 있는데, 이 황산하가 바로 낙동강입니다. 더구나 황산하가 삽량주(歃良州)에 있었다 하니, 신라의 삽량주가 지금의 양산시임은 박제상(朴堤上) 덕분에 너무나 잘 알려진 얘기입니다.

결국 황산하는 용당나루나 물금나루 등이 있는 낙동강 하류를 가리키는 이름으로, 용당나루에 있는 가야진사는 신라 국가제사의 현장이기도 하였습니다.

황산강을 둘러싼 전쟁

조선시대는 물론 얼마 전까지도 황산강으로 불렸던 이 언저리는 가야와 신라의 치열한 공방전의 현장이기도 하였습니다. 《삼국사기》〈신라본기〉는 경주의 신라와 김해의 가야가 서로 치고 받던 초기의 전쟁터를 황산진구(黃山津口)와 황산하라고 기록하고 있습니다. 황산진은 물금나루나 용당나루를 포함하는 지역으로, 이후 532년에 신라가 김해의 가야를 완전히 통합할 때까지, 서로 밀고 밀리는 치열한 공방전이 전개된 곳입니다. 《삼국사기》 기술의 연대나 구체적 내용에 대한 신용의 문제는 있지만, 전반에는 가야 우세, 중반에는 팽팽한 균형, 후반에는 신라 우세로 전개되었던 대체적인 전쟁의 양상은 역사적 사실로 인정할 수 있습니다.

김해 가락국의 수로왕이 신라왕의 초청을 받아 경주에 가기 위해 낙동강을 건넜던 곳도 이곳이었을 것이고, 노비를 시켜 당시 경주 세력의 6분의 1을 구성하고 있던 한기부(漢祇部) 대표를 죽이고 유유히 되돌아 왔던 나루도 이곳이었을 겁니다. 신라는 동북방의 실직곡국(悉直谷國, 삼척)과 음즙벌국(音汁伐國, 포항) 사이의 국경분쟁을 중재해 달라고 수로왕을 초청한 것이었으나, 수로왕은 한기부만이 신분이 낮은 자로 접대한 것에 대한 불만을 그렇게 극단적으로 표시했습니다. 물론 이 기록의 사실성에 대해서는 의문의 여지도 없진 않지만, 신라와 가야의 전쟁 과정에서 가야가 우세했던 전반의 상황이 반영된 것으로 보는 데는 문제가 없습니다.

가야진사 북쪽에는 밀양의 남쪽 관문으로서 임진왜란 때 왜적을 맞아 처절하게 항전했던 작원관(鵲院關)이 있는데, '까치 작(鵲)'의 이름은 수로왕이 여기를 지날 때 까치 떼가 날아와 반겼기 때문에 붙여졌다는 전설이 있습니다. 작원관은 앞의 작원나루로 출입하는 사람과 화물을 검문하던 곳이기도 하였으니까, 수로왕이 낙동강을 건너 신라에 왕복하던 전설이 이렇게 남은 것으로 볼 수도 있겠습니다.

초기부터 신라와 가야가 이 지역을 둘러싸고 공방을 거듭했던 것은 낙동강을 건너기 위한 교두보의 확보라는 지리적 요인도 있었겠지만, 물금광산의 철을 둘러싼 쟁탈전도 중요한 배경의 하나가 되었을 겁니다. 전반의 가야 우세가 후반의 신라 우세로 바뀌게 되는 중요한 배경의 하나로 철 생산 능력의 역전을 들기도 합니다. 4세기에 경주에서 울산으로 나와 달천광산을 확보하고, 5세기 중반에 동래로 진출하고, 양산을 차지하여 물금광산까지 확보하게 된 신라에 대해, 가야는 더 이상 적수가 되기 어려웠을 것입니다.

지금 남아있는 가야진사는 조선 태종 6년(1406)에 세운 것으로, 정면과 측면이 각각 1칸인 자그마한 목조건물인데, 안에는 제를 올리는 제상과 세 마리의 용 그림 액자가 걸려 있습니다. 그렇기 때문에 일반인들에게는 용신제의 신령한 장소로 알려져 있지만, '왜 가야나루인가?'와 거기에 전해오는 전설을 생각하면, 가야와 신라가 각축하던 전혀 다른 가야사의 단면이 새롭게 드러나게 되는 것입니다.

16. 부산은 가야인가? 신라인가?

금동관이 나왔다

1969년 9월, 부산시 동래구청 뒤에 게딱지 같은 집들이 꼭대기까지 들어차 있던 언덕에서 고분 하나가 발굴되었습니다. 나중에 복천동 1호분으로 명명되는 이 고분에서는 금동관이 출토되었습니다. 경주 이외에서는 처음 출토되었던 것으로 전국적인 관심사가 되었고, 약 1천5백 년 전의 고대의 부산에도 독자적인 정치세력을 가진 왕자(王者)가 존재했음을 보여주었습니다.

가야의 옛 도읍인 김해와 가깝기도 하고, 그때까지만 해도 거의 알

복천동 1호분 발굴전경, 1호분 출토 금동관 _동아대박물관

려진 적이 없었던 가야의 유물도 출토되어, 가야의 역사와 문화에 대한 새로운 관심을 불러일으키기도 하였습니다. 그러나 금동관 자체는 '출(出)' 자 모양을 한 신라 계통의 물건이었습니다. 같은 고분에서 가야계와 신라계의 유물이 함께 나옴에 따라 과연 고대의 부산은 가야였던가 아니면 신라였던가 하는 논의가 생겨나게 되었습니다.

동래 복천동 고분군

이후 복천동 고분군은 1995년까지 120여 기의 고분이 발굴조사되었고, 대개 4~5세기쯤에 만들어진 것으로 밝혀졌습니다. 1996년 10월, 우리나라에서는 처음으로 유적이 발견되었던 현장에 출토유물과 조사내용을 정리·전시하는 복천박물관이 세워졌습니다. 박물관은 본관 외에도 발굴 당시의 모습을 생생하게 재현해 놓은 야외 노출 전시관도 있고, 고분이 있었던 자리는 낮은 회양목을 선으로 둘러심어, 목곽이나 석곽의 위치를 한눈에 알아볼 수 있게 하였습니다.

복천동 고분군 정비 후 전경

고대 부산 사람들의 삶과 죽음의 역사를 생생하게 들여다 볼 수 있는 박물관이 개관된 것입니다.

그런데 복천동 고분군은 가야와 신라의 문화적 색채를 동시에 보여주고 있어 흥미롭습니다. 앞시기에 만들어진 고분들에서는 가야 계통의 유물이 출토되지만, 뒷시기에 만들어진 고분들에서는 신라 계통의 유물이 출토되고 있습니다. 이러한 사실은 복천동을 중심으로 한 고대 부산의 정치적 향방이 4~5세기를 사이에 두고 커다란 변화를 겪었음을 짐작케 합니다. 그렇기 때문에 '부산의 고대를 가야사로 볼 것인가, 아니면 신라사로 보아야 하는가' 또는 '가야였던 고대의 부산 지역이 언제부터 어떻게 신라의 세력권으로 편입된 것인가' 를 둘러싼 논의가 진행되고 있습니다. 언젠가 선거에서 쓴 유행어를 빌린다면 '부산과 경주 또는 TK와 PK가 언제까지 남이었고, 언제부터 남이 아니었던가' 가 될지도 모르겠습니다.

동래는 이미 신라다

신라는 532년에 김해의 가락국을 병합하고, 562년에 고령의 대가야를 마지막으로 가야 여러 나라를 통합하였으며, 660년과 668년에 백제와 고구려를 멸망시켜, 완전하지는 못하지만 '통일' 을 완수하였습니다. 685년에 신문왕은 대동강 이남의 한반도를 주(州) · 군(郡) · 현(縣)으로 나누어, 중앙의 경주에 대한 지방으로 편성합니다. 이때 부산 지역은 양주(良州, 지금 양산)에 속하는 하나의 군으로 편입되었고, 757년부터 경덕왕은 동래군(東萊郡)으로 부르기 시작합니다. 따라서 부산 지역이 동래로 불리기 시작했을 때는 이미 신라가 되었다 해도 지나친 말은 아닙니다.

얼마 전까지만 해도 《삼국지》에서 변한, 즉 전기 가야 12국의 하나로 기록되어 있는 독로국(瀆盧國)을 '독로' 와 '동래' 가 음이 서로 비슷하다는 것을 근거로, 부산 지역에 있었던 가야의 나라로 생각하였습니다만, 가야시대에 '동래' 라는 지명은 없었던 것 같습니다. 따라서 근래에는 '독로' 가 왜와 바다를 사이에 두고 접해 있다는 기술과 거제도의 옛 이름인 상(裳)의 뜻, '두루' 와 통하는 것을 근거로 거제도로 생각하는 의견이 많아지고 있습니다. 곧 신라 이전의 동래에 가야의 나라가 있었음은 분명하지만, 독로국이 아닌 것도 분명합니다.

그렇다면 과연 어떤 나라가 있었을까요? 《삼국사기》에 따르면 동래군은 본래 거칠산군(居柒山郡)이었다고 합니다. 거칠(居柒)은 후에 '거칠 황(荒)' 으로, 산(山)에는 고개 령(嶺)이 겹쳐져, 지금의 황령산(荒嶺山)이 되었습니다. 황령산 앞쪽으로 서면에서 동래에 이르는 지역에 있었던 가야의 나라가 거칠산국이었고, 동래 복천동 고분군에서 확인되는 이른 시기의 가야계 유물들이 바로 그 흔적들이었습니다.

동래는 거칠산국, 해운대는 장산국(萇山國)

동래는 신라 경덕왕 때부터 부른 이름입니다. 동래 이전에는 거칠산군으로 불렸는데, 이는 신라가 거칠산국을 병합하고 설치한 행정단위입니다. 이처럼 신라 이전의 동래는 거칠산국이란 나라였고, 동래 복천동 고분군에서는 신라 이전의 가야 물건이 나오기 때문에 거칠산국은 가야계 소국으로 보는 것이 타당합니다.

《삼국사기》는 신라사람 거도(居道)가 말 타는 유희로 거칠산국을 병합했다고 전하면서, 탈해왕(재위 57~79) 때의 일로 기록했지만, 복천동 고분군의 색깔이 가야에서 신라로 바뀌는 것은 5세기 중반입니다. 따라서 《삼국사기》에는 훨씬 후대의 사실이 시간을 거슬러 소급되어 기록된 것으로 보아야 합니다. 신라의 거도가 말 타는 유희로 거칠산국을 공략했다지만, 3세기 말까지 삼한 사회는 말을 탈 줄 몰랐기 때문에 보병전만 했다고 기록되어 있습니다. 더구나 가야와 신라 고분에서 마구가 나오는 것도 4세기 중엽은 넘어야 됩니다. 그러니까 거도의 거칠산국 병합은 빠르면 5세기 이후의 사실이 그렇게 기록된 것으로 봐야 합니다.

아울러 《삼국사기》는 신라가 지마왕 10년(121)에 지금의 부산 당감동 일대에 대증산성(大甑山城)을 축조했다고 전하지만, 이 시기의 신라는 아직 경주 일원도 벗어나지 못한 단계입니다. 이 또한 5세기 이후의 사실이 거슬러 올라간 것으로 보는 것이 좋겠습니다.

《삼국유사》에 따르면, 신라 진출 이전의 부산에는 또 다른 가야국이 있었던 것 같습니다. 바로 내산국(萊山國)으로도 불렸던 장산국입니다. 관련 기록에 온천에서 목욕하는 내용도 보이기 때문에 해운대를 가리키는 것이 분명하고, 장산은 지금도 해운대와 기장 사이에 있습니다. 신라시대에 장산 너머는 지금과 같이 기장현이었습니다.

그러니까 장산 앞자락의 해운대와 기장군에 있었던 가야계 소국이 장산국이었습니다. 결국 동래의 거칠산국과 해운대에서 기장의 장산국이 처음부터 신라는 아니었고, 5세기 전반까지는 가야의 역사와 문화를 지닌 독립국이었습니다. 신라 진출 이전의 부산은 가야사의 무대로 이해하는 것이 옳습니다.

신라의 부산 진출

그렇지만 조금 지나 5세기 중엽이 되면, 복천동 고분군에서 이제까지의 '메이드 인 가야'의 물품이 '메이드 인 신라'로 바뀌게 됩니다. 《삼국사기》에 보이는 신라의 부산 진출은 경주 → 울산 → 동

복천동 10 · 11호분_부산대박물관

래 방면으로 진행되었고, 동래 북쪽의 양산으로 진출하면서 완료되었던 것으로 정리됩니다. 물론 《삼국사기》 〈신라본기〉는 1세기 후반의 파사왕(재위 80~111) 때에 이미 낙동강을 경계로 김해의 가락국과 충돌하고 있음을 전하지만, 이 연대를 믿을 수는 없습니다. 훨씬 후대인 5세기 중반에 눌지왕(재위 417~457)의 신하 박제상이 삽량주, 지금 양산 지역의 지방장관이었던 사실은 신라가 양산 지역에 진출했던 시기와 결과를 확실히 보여 주고 있으며, 고고학적 사실과도 일치하고 있습니다.

과거 일제시대 일본인 학자들이 양산에서 발굴했던 부부총(夫婦塚)을 비롯한 북정동 고분군은 신라 지방장관의 무덤에 어울리는 규모로서, 신라의 유물임이 분명한 5세기 말의 고분입니다.

한편 신라의 부산 진출은 신라 혼자만의 힘이 아니었고 막강한 고구려의 후원을 얻으면서부터였습니다. 광개토왕릉비에 따르면, 서기 400년에 가야와 왜의 연합군이 신라에 침입하였습니다. 그런데 이를 독자적으로 감당해 낼 수 없었던 신라왕은 고구려왕에게 복종을 맹세하면서 구원을 요청하자, 광개토대왕은 무려 5만의 보병과 기병을 파견하여 왜병을 축출하고, 달아나는 왜와 가야의 연합군을 쫓아 가야를 공략하였습니다. 이 전쟁에서 가야는 임나가라(任那加羅)와 아라(安羅)라는 이름으로 보입니다만, 임나가라는 고령의 대가야 또는 김해의 가락국, 아라는 함안의 아라가야로 여겨지고 있습니다. 가야 여러 나라가 경험한 최대의 전쟁일지도 모르겠습니다.

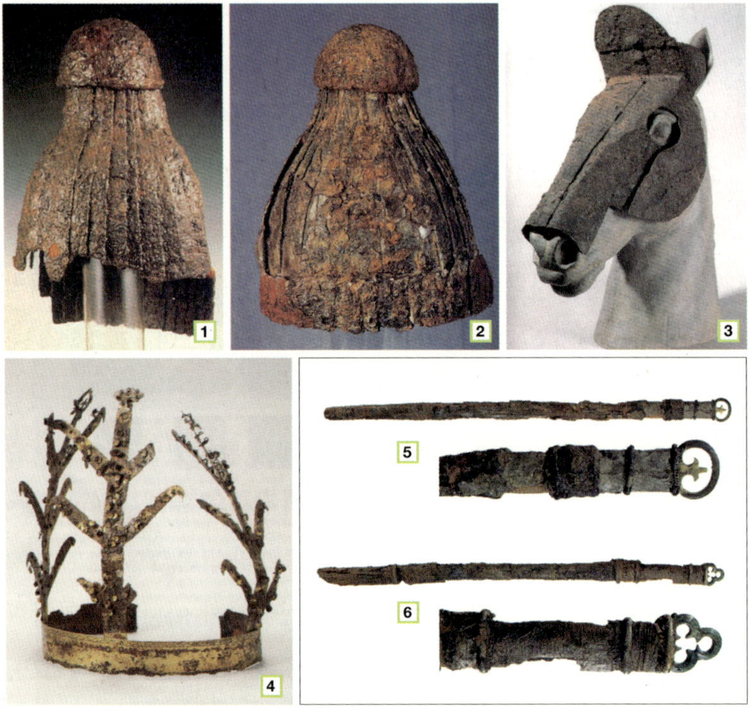

1, 2 복천동 10 · 11호분 출토 몽고발형투구 **3** 10호분 출토 말투구 **4** 10 · 11호분 출토 금동관 _부산대박물관 **5** 삼엽환두대도 **6** 삼루환두대도 _동아대박물관

어쨌든 이 전쟁은 고구려의 대승과 가야의 참패로 끝났고, 구원을 요청했던 신라도 고구려의 간섭을 받게 되었습니다. 그러나 신라는 오히려 이 기회를 이용하여 고구려의 세력을 등에 업고 부산 방면의 진출에 적극성을 띠기 시작합니다. 복천동 고분군에서 출토되고 있는 고구려 계통의 투구와 마구, 신라 계통의 금동관과 삼루환두대도(三累環頭大刀) 등은 이러한 사실을 뒷받침해 주는 물적증거입니다.

고대 부산은 해상교역의 거점과 철의 집산지라는 매력을 가지고 있었기 때문에, 신라가 대외진출의 첫 번째 목표로 삼았던 것은 당연한 일이었습니다. 신라는 3세기쯤까지 경주 일원의 소집단들을 통합하고, 4세기가 되면서 울산을 거쳐 동래로 진출하기 시작합니다. 5세기에는 고구려의 군사적 후원과 금동관이나 환두대도 같은 신라적 위세품의 분배를 통해 동래와 양산 지역에 대한 간접적 지배를 모색하였습니다. 5세기 중반 이후가 되면 복천동 고분군의 유물들이 완전히 신라의 것으로 바뀌듯이, 신라가 직접 지배하는 단계로 돌입합니다.

이후부터 부산은 해산물이나 영도의 말[絕影馬] 등을 공납하는 신라의 해상관문과 영토가 되었던 것입니다. 다시 말해 거칠산국과 장산국의 가야왕이 신라의 지방장관으로 전락한 셈이었습니다.

고령

(가라국 : 대가야)

17. 또 하나의 대가야

고령으로 갑시다

가야의 역사는 313년, 고구려가 낙랑군을 축출하자 해상무역로가 단절되고 400년 광개토대왕의 가야공략을 경계로, 전후로 나누어진다 했고, 전기 가야의 '큰 가야'가 김해였다면, 후기 가야의 '큰 가야'는 고령이었다고 이미 말했습니다. 김해가 전기의 대가락(大駕洛)이었다면, 고령은 후기의 대가야(大加耶)였습니다.

이제 우리 가야사 여행의 발걸음을 대가야의 고향인 고령으로 옮기려 합니다. 고령은 지금의 행정구역으로 경상북도입니다만, 대가야의 건국신화가 전해지는 합천의 가야산은 경상남도입니다. 오늘날의 고령은 동쪽으로 낙동강을 건너 대구로 통하는 것이 보통이지만, 가야시대 낙동강의 동쪽은 신라 또는 신라에 가까운 적대적 세력이었기 때문에, 남쪽의 고령 → 합천 → 초계 → 의령 → 함안으로 통했고, 서남쪽의 고령 → 합천 → 거창 → 함양 → 남원 → 구례 → 하동으로 통하는 것이 대가야의 주된 생활권, 문화권이었습니다.

행정구역에 대한 불만

가야의 역사를 중심으로 우리 고대사를 연구하다 보면, 현재 행정구역의 구분이나 지명에 불만을 느낄 때가 한두 번이 아닙니다. 김해의 가락국 역사에 대해 뭘 쓸려 해도, 부산의 강서구로 편입되어버린 지역이 있는가 하면, 가락국이 남해로 통하던 현관의 일부는 지금 진해시 용원동으로 되어 있습니다.

행정의 편의상 그렇게 나눌 수밖에 없는 이유도 있었겠지만, 그때마다 몇 마디의 부연설명으로 청중이나 독자의 이해를 구하기란 쉽지 않습니다. 자연지리적 환경이라든지, 지역주민의 정서가 반영되는 행정구역이면 얼마나 좋겠습니까. 가까운 밀양만 해도 그렇습니다. 낙동강 북쪽에 있는 밀양은 경남이면서도, 부산이나 경남보다는 대구 쪽으로 나가는 게 보통인 모양입니다.

더구나 같은 의령인데도, 부림면의 신반 사람들은 북쪽의 초계나 합천 쪽으로 나갔지, 의령 읍내 쪽으로는 나가지 않았습니다. 그렇기 때문에 신반 사람들이 같은 의령군이면서 의령 읍내 사람들에 대해 "의령 놈들은 말이야~"라며 적의에 가득 찬 표현을 서슴지 않는 것도 현재의 행정구역으로는 이해하기 어려운 대목입니다. 또한 함안의 아라국이 남해로 나가는 현관이었던 진동은 마산시로 되어 있습니다.

산과 강, 그리고 언덕이나 고개 같은 자연적 경계나, 그런 환경 속에 살면서 나와 남, 안과 밖을 구분하던 지역주민의 정서가 반영될 수 있는 행정구역이면 얼마나 좋을까 하고 생각한 적이 한두 번이 아닙니다.

고령 읍내에 들어서기 전에

그건 그렇고, 대구에서 서쪽으로 낙동강을 건너 얼마를 달린 뒤에 금산(錦山) 고개에 올라서면, 고령 읍내가 한눈에 들어옵니다.

금산에서 내려다 본 고령 지산동 고분군과 읍내 전경_고령군청

고속도로처럼 시원스레 뚫린 터널 쪽의 새 도로 말고, 개진면 쪽에서 구불구불 올라가는 옛 국도라야 됩니다. 맞은 편 정면에 보이는 정상의 주산(主山)은 '님[主], 뫼[山]'라는 뜻이니, 대가야 임금님의 산이고, 거기서 왼쪽으로 내려오는 능선에 둥글고 큰 봉분들이 열을 짓고 있어 낙타 등의 혹처럼 보이기도 하는 것이 역대 대가야 왕릉의 지산동 고분군입니다. 주산과 지산동 고분군의 품에 안겨, 그 아래 아기자기하게 펼쳐져 있는 마을이 고령읍입니다.

마음 같아서는 당장이라도 주산의 지산동 고분군으로 건너가고 싶지만, 먼저 들러야 할 데가 있습니다. 지산동 고분군이 전성기 대가야의 위상을 유감없이 보여주는 곳임에는 틀림없지만, 대가야도 처음부터 '큰 가야'는 아니었습니다. 고령 지역에서 처음으로 '소국' 단계의 정치체가 출발하던 모습을 보여주는 양전동 알터 암각화(바위그림)부터 고령 지역의 가야 역사 여행을 시작하는 것이 옳습니다.

고령 지역의 고고학 자료에 따르면, 대가야의 정치세력은 회천(會川) 동쪽의 개진면 양전동과 반운리 일대에서 시작되어 서쪽의 고령 읍내로 이동한 것으로 추정되고 있습니다. 금산을 내려오면 회천과 만나게 되는데 내를 건너지 말고, 왼쪽으로 커브를 돌며 나아가면, 채 십 분도 못 되어 양전동 알터 암각화에 이르게 됩니다. 고령에 도착하기까지 제법 시간이 걸렸으니까, 이제 한숨 돌리고 나서 알터 암각화와 대가야의 건국신화에 대해 얘기해 보려 합니다.

18. 알터 암각화와 대가야의 건국신화

알터 암각화

경북 고령 양전동 회천가의 알터 암각화는 너비 6미터 높이 3미터 정도 되는 바위덩어리에 새겨진 그림입니다. 수직으로 깎아내린 듯한 여러 면에 쪼고 갈아서 새긴 바위그림인데, 약간 차이는 있지만 크게는 두 종류의 그림이 보입니다. 하나는 3~4겹으로 새겨진 동심원이고, 또 하나는 가면이나 탈처럼 생겼습니다. 가면처럼 생긴 것은 세로로 길며 아래 보다 위가 넓은 역사다리꼴 모양입니다. 가운데를 1~2개의 선으로 가로질러, 상하 2~3개면으로 나누었는데, 각 면에는 2~3개씩 구멍이 뚫렸습니다. 또 가면의 둘레는

알터 암각화, 정중앙의 동심원(왼쪽 위), 가면형 그림(오른쪽 위)

털이나 술처럼 표현되었는데, 오른쪽 아랫부분에 있는 것 하나를 제외하면, 모두가 위와 양옆에만 달려 있습니다.

암각화에서 여러 겹의 동심원이 태양을 상징한다는 것은 잘 알려진 사실이고, 가면이나 탈 모양에 대해서는 울타리 쳐진 마을이라는 등 여러 의견이 있지만, 시베리아의 샤먼이 제의를 진행할 때 사용했던 가면으로 보는 견해가 설득력을 얻고 있습니다.

이 암각화가 언제 새겨졌는지 정확히 알 수는 없지만, 근처에서 청동기시대의 마제석기와 무문토기가 발견되었고, 고령 지역에서 가장 뚜렷하게 남아있는 고인돌의 무리가 확인되고 있으며, 청동기나 초기 철기시대라는 암각화의 일반적인 연대추정을 참고로 할 때, 청동기문화의 늦은 시기, 대개 기원전 300년에서 기원전후에 만들어진 유적으로 생각되고 있습니다. 이처럼 기원전후라는 시기, 회천의 냇가라는 장소, 기원과 주술을 위한 암각화의 목적, 태양과 제의를 상징하는 무늬들, 여기에다 '알터' 라는 시조의 탄생과 관련된 지명을 합하면 거의 완벽하게 우리 고대 건국신화의 내용들과 연결됨을 볼 수 있습니다.

대가야의 건국신화

> 가야의 산신 정견모주가 천신 이비가의 빛을 받아, 대가야왕 뇌질주일(惱窒朱日)과 금관국왕 뇌질청예(惱窒青裔)의 두 사람을 낳았다.

위 이야기는 조선 전기의 인문지리지인 《신증동국여지승람》에 고령현의 유래가 기록된 대가야의 건국신화입니다. 신라의 최치원이 가야산에서 해인사를 창건했던 이정(利貞) 스님의 전기를 쓴 곳에 포함되었다가, 《신증동국여지승람》으로 옮겨진 기록입니다. 가야의 산신을 감응시켰던 천신의 빛은 곧 태양이고, 그렇게 태어난 대가야왕의 이름 주일(朱日)은 '붉을 주(朱)', '해 일(日)' 로, '붉은 해' 라는 뜻입니다. 건국신화의 중심인 태양이 알터 암각화에서도 정중앙의 자리를 차지하고 있습니다. 전체에서 3～4개가 확인되는

반운리 유적 출토 우각형파수부호_대가야박물관

동심원 가운데서도, 가장 높이, 맨 가운데에 있는 것이 가장 깊고 뚜렷하게 새겨져 있습니다.

'알터' 라는 이름이 고대국가 건국시조의 탄생과 직결되는 것은 너무나 유명합니다. 가락국의 김수로가 알 모양으로 내린 것이 그랬고, 신라의 박혁거세와 김알지 또한 알에서 태어났더랬습니다. 더구나 알터는 회천이라는 냇가에 있고, 암각화에 수없이 새겨진 사각형 무늬는 시베리아의 샤먼들이 굿판을 벌일 때 쓰던 가면들과 매우 닮았다는 주장이 유력합니다. 김해 가락국의 건국에서 수로왕의 탄강을 위해 해반천에서 목욕재계하고, 구지봉의 고인돌 아래에서 굿판 벌이던 모습과 같았을 것입니다.

알터 옆의 반운리 유적에서 수습되는 철기와 와질토기들은 2~3세기쯤에 고령 지역에서 철기문화가 출현하는 모습을 보여주고 있는데, 철기문화의 아래층에서는 알터와 마찬가지로 청동기의 마제석기와 무문토기도 발견됩니다. 김해에서처럼 청동기문화 위에 철기문화가 등장하던 양상으로 이해할 수 있습니다.

시기적 차이는 있겠지만 이러한 고고학 자료로 말미암아, 가락국의 수로왕이 철기문화를 가지고 청동기문화의 구간사회를 통합하던 것과 같은 변화를 거쳤다고 생각할 수 있습니다. 가야의 산신으로 표현된 청동기문화의 토착족과 천신으로 표현된 철기문화의 천강족의 결합이 대가야의 건국이었을 것입니다.

반로국(半路國)이 맞습니다

물론 아직은 대가야가 아니고, 《삼국지》에 보이는 12개 변한 소국 가운데 하나였던 반로국의 등장이었다고 생각됩니다. 반로국은 《일본서기》와 《양직공도(梁職貢圖)》에 대가야의 별칭으로 보이는 반파국(叛跛國)과 같은 이름으로, 현재의 지명인 반운리와 비슷한 이름입니다. 공교롭게도 반로국과 반파국의 '로(路)'와 '파(跛)'의 한자는 많이 닮아있기 때문에 어느 쪽이 다른 한쪽을 옮기는 과정에서 잘못 쓴 것으로 생각됩니다.

반로국으로 기록한 《삼국지》는 《양직공도》와 《일본서기》에 견주어, 적어도 2백~4백 년 이상이나 이른 시기에 기록된 것이기 때문에, 기원전후로 생각되는 건국 당시의 사정을 가장 정확하게 전하고 있는 것으로 추정됩니다. 더구나 삼한 78개의 국명을 보면, 경주의 사'로'국, 거제의 독'로'국, 전라도의 막'로'국 등과 같이 '로(盧 또는 路)'라는 공통된 어미가 확인됩니다. 고령의 반'로'국 또한 같은 계열의 이름입니다. 반로국이 맞고, 반파국이 틀렸을 것입니다.

한편 '로'가 삼한의 공통된 국명의 어미라 할 때, 당시 고령의 소국을 다른 세력과 구별할 수 있었던 음은 '반' 뿐이었을 것입니다. 바로 그 '반'이 알터가 있는 반운리에 남아있는 것으로 생각되기 때문에, 앞으로 더 결정적인 다른 자료가 나온다면 모르겠지만, 지금은 반로국의 위치를 여기에서 찾는 것이 타당할 것입니다.

곧 고령의 알터 암각화는 김해의 구지봉 같은 곳으로, 이후 대가야로 발전하는 반로국 건국신화의 무대였습니다. 다만 같은 대가야의 건국신화에서 고령은 '붉은 해[朱日]'의 형님으로, 김해는 '새파란 후예[靑裔]'의 동생으로 설정되었습니다. 가야사의 전개과정에 비추어 볼 때 정반대의 설정입니다. 뒤에 다시 얘기하겠습니다만, 이는 5세기 중반 이후에 고령 세력이 명실 공히 대가야로 성장했을 때, 가야적 정통의 계승을 내세우면서도 이제는 자신들이 가야 여러 나라의 중심이 되었다는 선언이었고, 스스로 높이려는 자존의식의 대외적 주장이기도 하였습니다.

19. 대가야왕의 우물

지도자와 인민의 계욕제(禊浴祭)

이제 알터에서 회천을 건너 고령 읍내로 들어갑니다. 우리가 건너는 알터 일대의 회천은 지도자와 인민이 함께 목욕재계하며 술잔을 나누던 곳이었습니다. 《삼국유사》 〈가락국기〉가 전하는 것과 같은 계욕제의 현장이라고 할 수 있습니다. 봄의 첫날, 음력 3월 초

하루에 지도자와 마을 사람들이 함께 개울에 나와 목욕재계하면서, 지난해의 부정을 물에 흘려보내던 의식이었습니다.

가락국 수로왕의 등장이 3월 1일의 계욕일에 부쳐진 것은, 계욕제가 왕의 탄생이라는 이미지와 맞아떨어졌기 때문입니다. 어렵고 길었던 겨울을 이겨내고 새 생명이 싹트는 봄날에, 지난해의 부정을 흐르는 물에 씻고, 술을 마시면서 새 생명 탄생의 기운을 북돋아 주겠다는 전기 가야 사람들의 기원이었습니다. 그래서 신라의 시조 혁거세도 3월 1일에 탄생한 것이고, 동천(東川)에서 목욕을 시켰더니 몸에서 광채가 났으며, 배필 알영을 북천(北川)에서 목욕시켰더니, 입에 붙었던 닭 부리 같은 것이 떨어졌다는 신화가 있는 것입니다. 《삼국사기》〈제사지〉에 보이는 신라의 사천상제(四川上祭)는 이러한 계욕제가 국가의 제사로 정착된 결과라고 생각됩니다.

임금의 우물, 어정(御井)

그러나 시간이 흐르면 일반 인민과 구별되면서, 왕자(王者)만이 사용하는 신성한 물이 따로 마련됩니다. 지금 우리가 찾아가는 고령초등학교 운동장에 남아 있는 어정이 그것입니다. 《신증동국여지승람》은 "고령현 남쪽 1리에 대가야국의 궁궐터가 있고, 그 옆에 돌우물이 있는데 어정이다"라고 전합니다. 아울러 고령현의 북쪽에도 왕후정(王后井)이란 어정이 하나 더 있었다는 전설도 있습니다. 현재 고령초등학교에 있는 우물은 왕궁터의 북쪽에 해당하기 때문에, 후자의 왕후정에 해당하는 것일 테지만, 이것 또한 대가야

고령초등학교에 있는 대가야 어정

왕의 우물임은 분명합니다.

1978년에 이루어진 대구 계명대학교 박물관의 발굴조사에서 대가야의 장경호(長頸壺, 긴 목 단지), 단경호(短頸壺, 짧은 목 단지), 적색 연질 토기, 그릇 손잡이 등이 출토되어 대가야 시대의 우물이었음이 확인되었습니다. 관련 기록과 전설, 그리고 발굴조사에서 확인한바 이 우물은 대가야의 어정이었습니다. 이전의 부족연합 사회에서 촌장이라는 지도자와 인민이 함께 하던 계욕에서 벗어나, 왕국의 제사에 사용되는 지배자만의 특별한 성수(聖水)가 창출되었던 것입니다. 그래서 어정의 탄생은 왕국의 탄생이기도 합니다.

같은 물이라도 전기 가야의 집단주술적인 계욕의 냇물이, 후기

가야에서는 초월적 왕권의 신성성을 강조하는 국가제사의 성수가 되었습니다. 어정의 존재는 인민과 분리된 초월적 왕자만의 계욕, 정화수, 제사음식의 조리용수 등으로만 사용되는 단계에 이르렀음을 보여줍니다. 신라 왕권의 나정(蘿井)과 알영정(閼英井), 고구려 천(연)개소문(泉(淵)蓋蘇文)의 샘[泉]이나 못[淵] 등이 가지는 의미와 같은 것으로, 이러한 의례는 전기 가야와는 차원이 다른 전혀 새로운 왕실의 연중행사로 발전·정착하게 된 국가권력의 상징입니다.

왕궁의 우물과 성수

《삼국사기》에는 신라와 백제의 길흉에 대한 예고로, 왕궁의 우물에 나타났던 여러 변화가 특별하게 기술되고 있습니다. 금성정(金城井)·궁정(宮井)·동정(東井)·왕도정(王都井) 등으로 기술된 왕궁의 우물에 용이 나타나거나 물이 넘치는 것은 길조였고, 흰 뱀이 마시고 마르거나, 피로 변하는 것은 흉조였습니다. 백제 의자왕 20년 2월에 백제 멸망의 전조로서 왕도의 우물물이 핏빛이 되었고, 사비하(泗沘河, 백마강)의 물이 피같이 붉었다고 적고 있습니다. 왕궁의 우물은 왕실 자체와 왕권을 상징하는 것이었고, 왕궁의 우물로 왕권의 신성성을 강조하기도 하고, 어정의 성수를 바치는 국가제사를 통해 왕자의 정통성을 천명하기도 하였습니다.

이러한 상황은 고대 일본에서도 마찬가지였습니다. 고대 일본의 기록에서 왕권과 관련되는 어정이나 성정(聖井)의 지명과 전설을 찾기란 아주 쉬운 일이며, 그 이름과 전설이 현재까지 전해지는 곳 또

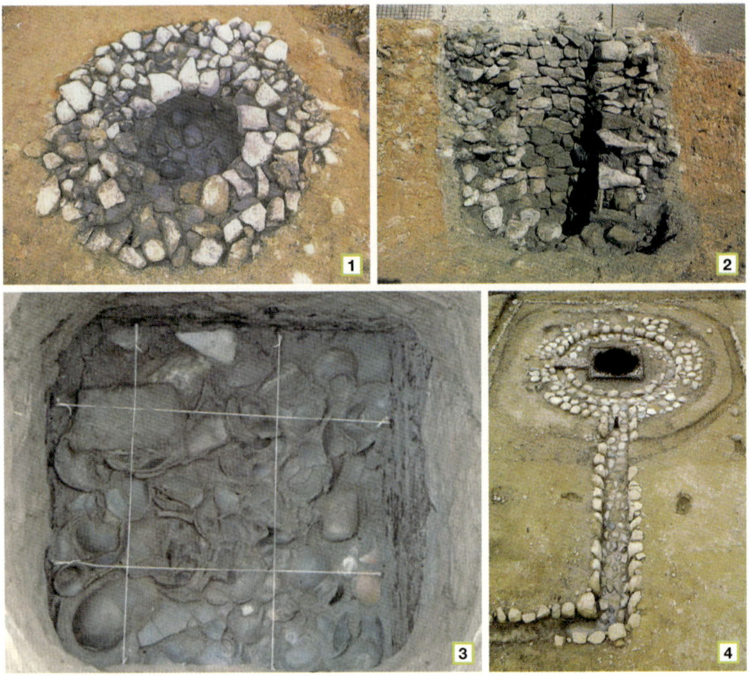

고대의 어정(**1·2** 신라_국립경주박물관 **3** 백제_한신대박물관 **4** 일본)

한 적지 않습니다. 고대 일본에서도 맑은 물이 솟는 성스러운 우물이야말로 왕궁의 위치를 정하는 중요 조건의 하나가 되었고, 지방으로 순행하는 왕이 우물을 파도록 하는 것 자체가 자신의 통치영역을 확인하는 행위가 되었습니다. 이런 것 모두가 왕의 우물이 갖는 신성성을 창조하고 강조함으로써 현실 통치에 부가적인 권력으로 활용하고자 했던 고대 왕권의 속성이기도 했던 것입니다.

결국 같은 'H₂O(물)' 라도, 전기 가야 건국의 단계에서 계욕에 사용되던 원시적 신앙의 물과 후기 가야 왕권의 신성성과 정통성을 보장하는 어정의 물은 전혀 다른 것이었습니다. 전자가 전기 가야 김해 가락국의 해반천과 고령 반로국의 회천에서 열리는 계욕제였다면, 후자는 후기 가야, 대가야의 성수 창출과 같은 상징과 의미를 가지는 것이었습니다. 같은 물이라도, 같은 물이 아니게 된 겁니다.

20. 가야의 피라미드, 지산동 고분군

대가야 왕릉 답사

대가야왕의 우물이 있는 고령초등학교를 나와 남서쪽으로 고령소방서 옆의 비스듬한 언덕길을 오르면 오른쪽으로 고령군민체육관이 보이고, 그 맞은편으로 예전의 가야공원과 대가야 유물전시관이 보입니다. 불상과 석등이 아무렇게나 서있는 가야공원의 아래쪽으로 고령향교가 있는 곳에 대가야의 왕궁터로 전해지는 공간이 있습니다.

2000년, 경북대학교박물관의 발굴조사에서는 심한 파괴로 이렇다 할 단서는 찾지 못했지만, 대가야의 왕궁터라는 전설도 있고, '대가야국성지(大伽倻國城址)' 라고 새긴 자연석의 비가 있습니다. 다시 고령군민체육관 앞의 산길을 약간 오르면 주산성(主山城)의 성벽으로 이루어진 길과 발 아래로 수문이 있는 성벽을 지납니다. 여기부터 20분 정도 꽤 가파른 산길을 오르다 보면 갑자기 커다란 고

주산성_대가야박물관

분이 나타나고 그 봉분을 넘으면 동쪽 발 아래로 고령 읍내가 펼쳐지며, 남쪽으로 물결치는 듯한 능선을 따라 내려가는 대규모의 고분들이 보입니다. 여기가 대가야의 왕릉묘역인 고령 지산동 고분군입니다.

지산동 고분군

높이가 6미터에 지름이 25~27미터나 되는 초대형 44호분을 비롯한 70여 기의 대형 고분과 그 사이사이에 자리한 수백 기의 작은 무덤들이 산 능선의 전체를 빼곡히 메우고 있습니다. 쌓아올린 봉토가 매우 높아 '높을 고(高)'에 '무덤 총(塚)', 그래서 고총(高塚)이

지산동 고분군_대가야박물관

라고도 부릅니다. 그러나 전기 가야의 '대가야'였던 김해 가락국에는 이런 초대형 고분은 없습니다. 가야 지역에서 고총은 대개 4세기 말 무렵부터 만들어집니다. 그런데 가락국은 가야 여러 나라 가운데서 가장 먼저 '대가야'로 발전했지만 4세기 말에서 5세기 초를 경계로 쇠약해지기 때문에, 가야의 왕릉으로서 고총을 만들 수 있는 능력은 이미 잃고 있었던 셈입니다.

'늦되는 사람이 크게 된다'고 했던가요? 김해에는 지산동 고분군처럼 초대형의 봉분들이 즐비한 대규모의 고분군은 없습니다. 앞에서 말씀드린 대로, 4세기 초에 남부의 가야국들에게 선진문물을 공급하고 있었던 낙랑군과 대방군이 고구려에게 축출되면서, 그를 대신하는 한반도의 선진국으로서 고구려와 백제가 등장하게 됩니다. 따라서 5세기 초부터는 선진국인 고구려와 백제에 좀더 가깝게 자리한 북부의 가야 세력이 발전하게 되는데, 그 선두에 섰던 것이 고령의 대가야였습니다.

5세기 중반이 되면서 대가야는 후기 가야의 중심국으로 성장하게 되고, 6세기가 되면 합천·거창·함양·산청·의령·진주·하동 등 지금의 서부경남 일대를 석권하는 강력한 왕국으로 등장하게 됩니다. 이러한 고령의 대가야가 후기 가야에서 중심국의 위치를 차지하게 되었음을 단적으로 보여주는 것이 지산동 고분군입니다.

가야의 피라미드

일제가 파헤치기도 했던 지산동 고분군은 1977년에 경북대와 계명대 박물관이 44호분과 45호분을 발굴조사하면서, 대가야 왕릉의 면모를 드러내기 시작합니다. 44호분은 중앙에 3기의 대형 석실(돌방)을 만들고 그 둘레에 방사선형으로 32기의 소형 석실들을 배치했습니다. 모두 35기나 되는 석실들은 1~3단의 호석(護石)이 둘리고, 그 위는 하나의 봉토로 덮였습니다. 35기의 매장시설들이 하나의 무덤으로 한 번에 만들어졌던 것을 보여줍니다. 44호분은 대가야의 왕릉으로서 처음부터 그렇게 계획된 무덤이었습니다.

45호분도 같은 모양의 무덤입니다. 중앙에는 2기의 대형 석실이 나란히 만들어졌고, 그 주위에는 11기의 소형 석실들이 배치되었습니다. 44호분의 중앙에 위치한 석실의 길이는 무려 9.4미터나 됩

지산동 44호분, 44호분을 재현한 왕릉전시관 _대가야박물관

니다. 이 석실은 위치와 규모, 그리고 호화로운 각종 유물로 보아 주인공이 묻혔을 것으로 생각됩니다.

44호분은 해발 300미터 정도의 높이에 자리잡고 있습니다. 35기의 석실에는 엄청난 석재가 사용되었고, 그 석재들은 자연석이 아니었습니다. 산에서 채석, 가공되고 이곳으로 운반되었습니다. 지름이 25~27미터에 높이가 6미터에 이르는 봉토의 흙을 채취하고 운반하는 것도 만만치 않았을 것입니다. 더구나 35기의 석실에서는 엄청난 양의 토기와 철기류, 금은제품, 식품과 직물류 등이 출토되고 있습니다. 생전에 쓰던 물건도 있겠지만, 44호분이 축조될 때 새로 제작하여 부장품으로 넣어졌던 것도 많았습니다.

이러한 부장품들 또한 300미터 아래의 왕궁과 부속공방에서 제작되어 운반된 것들이었습니다. 하나의 무덤 안에 수많은 방들이 설치되었던 것도 그렇거니와, 고분의 축조에 투입되었던 엄청난 노동력과 비용을 생각한다면, 44호분은 가야의 피라미드라고도 할 수 있을 것입니다.

순장(殉葬)을 아십니까

가야의 피라미드 고령 지산동 44호분에는 중앙에 주인공이 묻힌 대형 석실이 자리하고, 그 둘레에는 순장자들을 위한 많은 소형 석실들이 배치되었습니다. 가야 여전사 이야기를 할 때 가볍게 언급했습니다만, 순장이란 생전에 주인공을 모시던 사람들이 따라 죽어 함께 매장되는 것을 말합니다. 중앙 석실에서도 주인공의 발 아래쪽에 함께 묻혔던 순장 인골이 확인되었고, 둘러싸고 있는 32기의 석실들은 순장자와 부장품을 위해 마련된 공간이었습니다.

순장자들을 묻기 위한 석실을 순장곽이라 부릅니다. 순장곽 하나에는 대개 3~5인이 순장되었을 것으로 추정하고 있습니다. 따라서 32기에 3~5명을 곱하면, 모두 96~160여 명이나 되는 사람들이 주인공을 따라 매장되었다는 계산이 나옵니다. 여기에 주인공의 석실에 순장된 숫자를 포함하면, 훨씬 더 많은 수가 되어야 하지만, 발굴조사자들은 60여 명을 약간 넘는 숫자로 추정하고 있습니다. 이렇게 많은 사람들이 한 사람의 주인공을 따라 죽을 수밖에 없었습니다.

'왕이 돌아가셨다', '생전에 왕을 모시던 사람들은 은혜에 감사하며 따라 죽어야 한다', '왕은 저세상에 가서도 이들의 시중을 받으며 생전과 다름없는 생활을 할 것이다' 이러한 생각은 대가야인들의 상식이었고, 그것은 대가야왕의 초월적인 정치권력에서 비롯되었을 것입니다. 44호분은 5세기 중·후반 무렵의 고분으로 여겨지는데, 5세기 중·후반의 대가야왕은 바로 우륵(于勒)에게 '가야금 12곡'을 작곡시켰던 가실왕(嘉實王)이었습니다. 가야금 12곡에 얽힌 사연은 다시 이야기하겠습니다만, 가야금 12곡도 서부경남 일대를 석권했던 대가야왕의 정치적 위세를 보여주는 자료입니다.

물론 44호분의 주인공을 결정적으로 밝혀줄 문자기록이 나온 것은 아닙니다. 그러나 우리 연구자들끼리는 '가실왕이 틀림없을 것'이라고 수군거리고 있습니다. 주인공의 석실을 방사선형으로 둘러싼 소형 석실들에는 가실왕을 모시던 여러 신하들이 순장되었을 것입니다.

순장과 권력

그런데 32기의 순장곽들에 부장된 유물이나 인골들에서는 몇 가지 특징적인 사실들이 발견됩니다. 세 사람이 포개져 있었는가 하면, 남녀 어린이가 머리를 마주 대고 누워있던 방도 있었습니다. 말갖춤새들이 나오는 석실에는 전용차 운전수쯤 되는 말잡이가 순장되었을 것이고, 철제 투구와 무기만 나오는 석실에는 왕의 호위무사쯤이 순장되었을 것이고, 닭 뼈, 생선 뼈, 바다고둥 등 음식물이 주로 있던 방에는 왕의 식사를 책임지던 '가야의 대장금' 같은 인물이 순장되었을 것입니다. 예쁜 금귀걸이가 나오는 석실에는 왕을 모시던 아리따운 여인도 있었을 것이고, 옷감 같은 많은 섬유질이 확인되는 방에는 왕에게 의복을 제공하던 사람들이 순장되었던 것으로 생각됩니다. 이런 특징들은 사후에도 왕의 생활을 계속

1 지산동 44호분 내 25호 순장곽 출토 말재갈 **2** 44호분 내 25호 순장곽 출토 청동 말방울 **3** 44호분 주석실 출토 각종 말갖춤 **4** 44호분 주석실 출토 철창 **5** 44호분 주석실 출토 투구 **6** 44호분 내 6·11호 순장곽 출토 금귀걸이 _경북대박물관 **7** 연결석곽 출토 고둥 **8** 34SE-3호분 출토 대구 뼈·닭 뼈 _계명대박물관

하겠다는 내세관(來世觀)과 함께, 왕이 별세했다고 60여 명이 넘는 사람들을 강제로 잡아 죽였던 대가야 왕권의 무자비한 통치력도 보여줍니다.

한편 《삼국사기》 〈직관지〉는 신라 조정에 각각의 업무를 관장하는 전문부서가 존재했음을 보여줍니다. 임무나 병기의 종류에 따라 편성된 각종 부대[幢], 신발을 만드는 화전(靴典), 기와를 만드는 와전(瓦典), 직물을 염색하는 염궁(染宮), 식사를 담당하던 육전(肉典) 등이 보이고 있습니다. 그렇습니다. 대가야가 고대국가에 도달했다고 말할 수는 없을지라도, 5세기 후반쯤 대가야왕의 휘하에 여러 전문 집단이 국가기구처럼 조직되어가고 있었음은 주목해야 합니다.

그러나 수많은 사람의 순장은 사회발전의 후진성을 보여주는 것이기도 합니다. 사람을 순장하고 엄청난 무덤을 만들어 왕의 권력을 과시하고 왕권의 유지(維持)를 보장받으려는 사회는 저급한 단계입니다. 율령(律令)이라는 법질서에 따라 통치되고 왕권이 계승될 수 있는 고대국가 사회에는 도달하지 못한 단계입니다. 신라 지증왕 3년(502)이 되면 순장은 법으로 금지됩니다. 물론 이때 신라 사회의 순장이 완전히 사라지는 것은 아닙니다. 그러나 신라 왕권은 더 이상 거대한 고분이나 생사람 잡는 순장을 통해 통치자의 위엄을 강조하지 않아도 되는 단계에 접어들게 되지만, 대가야는 아직 그러하지 못했던 것입니다.

대가야에도 연줄이?

지산동 44호분의 주인공을 둘러싼 32기의 순장곽에는 인골은 물론 한 점의 유물도 나오지 않은 것이 5기나 있었습니다. 우리는 이런 것을 '빌 허(虛)' 자를 써서 허장(虛葬)이라 부릅니다. 계획도 하고 시설도 했지만 무슨 이유에선지 사람도 부장품도 전혀 매장되지 않았던 무덤입니다. 이러한 허장은 가야시대에도 연줄(?)이 작용하고 있었다는 의외의 사실을 보여줍니다. 왕이 세상을 떠나자 순장자 리스트가 작성되었고, 그에 따라 순장곽도 설치했지만, 순장되지 않은 사람들이 있었던 것입니다. 44호분의 왕을 계승한 새로운 왕과 가까운 사람들이 연줄을 대어 순장자 리스트, 즉 살생부(殺生簿)에서 빠졌던 결과였을 것입니다.

1천5백 년 이전의 가야 사회에도 국왕의 명령까지 바꿀 수 있었던 연줄이 통했던 모양입니다. 현대의 우리와 닮은 구석이 있는 것 같기도 하고, 대가야 사회의 끈적거리는 단면을 보는 것 같아 뒷맛이 씁쓸한 것도 사실입니다.

대가야왕의 음식

지산동 고분군에서는 여러 종류의 음식물들이 토기에 담겨진 채로 발견되었습니다. 닭과 꿩의 뼈가 나왔고, 누치 · 청어 · 대구와 같은 생선뼈와 고둥 · 소라 · 굴과 같은 조개들이 출토되었습니다. 이 가운데서도 청어와 대구 그리고 소라, 고둥 같은 바다 생선과 조개의 존재는 매우 특별한 의미를 가집니다. 이 생선뼈와 조개들은 주인공의 석실이 아닌 순장자의 석곽에서 출토되었기 때문에, 대가야 왕실의 '대장금'과 같은 직역(職役)의 분화를 추정할 수 있는 근거도 되지만, 바다의 생선과 조개라는 특징은 대가야 영역의 팽창을 생각할 수 있는 중요 자료가 되고 있습니다.

대가야의 고령은 바다가 없는 내륙입니다. 그런데도 대가야왕의 무덤에서는 바다 생선과 조개가 나옵니다. 대가야에 예속되어 있던 남해안의 가야에서 공납 같은 형태로 바쳐진 것으로 생각할 수 있습니다. 이들이 출토되는 44호분과 45호분은 479년에 대가야왕 하지(荷知)가 남해를 거쳐 양자강 하류의 중국과 외교할 때의 무덤입니다. 따라서 내륙 고령에 바다 생선과 조개가 들어올 수 있는 길은 낙동강과 섬진강으로 생각됩니다만, 이 시기의 낙동강은 부산 동래 지역을 확보하고 있던 신라가 차지하고 있었기 때문에 대가야가 이용할 수는 없었습니다. 결국 섬진강 하구의 하동과 같은 곳에서 남해로 나아갔을 것이고, 고령 지산동 고분의 바다 생선과 조개도 여기에서 공급되었을 것입니다.

지산동 고분에서 발견되었던 생선과 소라, 고둥은 5세기 중·후엽에 대가야가 하동을 포함하는 서부경남 일대를 장악하고 있었다는 사실을 웅변해 주고 있습니다. 생선과 조개로도 가야사는 복원될 수 있습니다.

대가야 왕릉전시관

이러한 지산동 고분군의 내용과 대가야의 역사를 실감나게 살펴

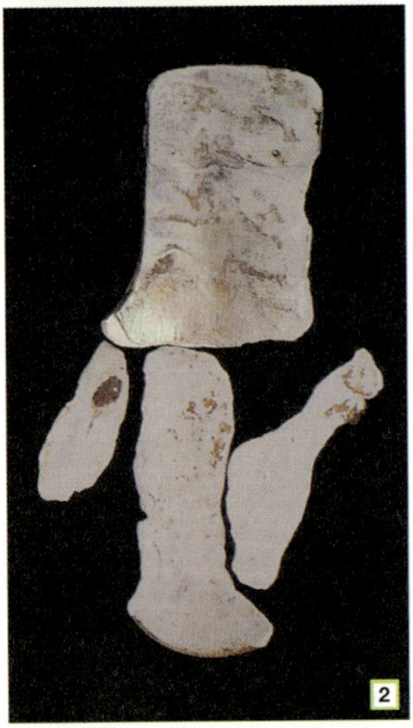

1 지산동 44호분을 재현한 왕릉전시관_대가야박물관 **2** 야광조개국자_경북대박물관 **3** 2번 복원품_대가야박물관

볼 수 있는 곳이 대가야 왕릉전시관과 박물관입니다. 2000년 10월에 개관한 대가야 왕릉전시관은 대규모의 순장이 우리나라에서 처음으로 확인된 44호분을 발굴 당시의 모습으로 재현한 곳입니다. 전시 시설을 덮은 돔은 44호분의 봉토와 같은 모양과 규모로 만들어졌고, 최신의 전시방법과 내부시설은 최상급의 가야왕릉을 보여주기에 충분합니다. 전시관에서 박력을 느낄 수 있다면 좀 '오버' 일지도 모르겠습니다만, 일부러라도 고령까지 찾아가 살펴볼 가치는 충분합니다.

가벼운 산책 삼아 지산동 고분군을 돌아 내려오면 합천으로 나가는 국도변의 전시관에 다다르게 됩니다. 다리도 쉬면서 대가야의 영광에 한번쯤 젖어 보는 것도 그럴듯하다고 생각됩니다. 중앙 석실에 누워있는 대가야왕도 만나고, 순장되었던 남녀 아이들은 누구였을까, 또 생사람인 순장자들은 그 죽음을 어떻게 받아들였을까도 생각해보기 바랍니다.

아, 참! 44호분에서는 야광조개로 만든 국자도 출토되었습니다. 야광조개는 일본 오키나와 남쪽의 심해에서만 채취되는 조개랍니다. 경북 내륙 깊숙이 들어앉은 대가야가 어떻게 일본열도는 물론 남방까지 교류를 가졌을까도 상상해 보면 좋겠습니다.

21. 가야금 12곡에 얽힌 사연

귀 달린 가야금

고령 읍내로 들어서다 보면 시가지 오른쪽의 낮은 언덕 위에 하얀색의 제법 높은 탑이 눈에 들어옵니다. 보통 3·1 운동이나 6·25 유엔군 참전의 기념탑쯤으로 생각할 수도 있겠지만, 가까이 가서 보면 아주 독특한 모양을 하고 있습니다. 양 옆에는 하얀 테두리 속에 구름·새·꽃잎 같은 무늬들을 뚫어서 새긴 검은 판이 있고, 가운데에 흰색 가야금을 세로로 세워 놓아, 나전칠기의 가야금을 보는 듯한 느낌입니다.

우륵기념탑

1 토우장식 장경호 세부_국립경주박물관 **2** 신윤복의 가야금 그림 **3** 《악학궤범》의 가야금

콘크리트로 만들어진 현대의 조형물일 뿐이지만 12줄 모두 새겨져 있고, 가운데에는 한글로 '우륵기념탑'이라고도 씌어 있어, 가야금과 우륵을 연상하기에 충분합니다.

그런데 이 가야금은 우리가 흔히 보는 지금의 가야금과는 사뭇 다르게 생겼습니다. 가장 위쪽에 보이는 머리 부분이 다르게 생겼습니다. 현의 장력조절을 위해서 줄을 묶거나 푸는 곳으로, 양(羊)의 귀와 같이 생긴 머리라 하여 양이두(羊耳頭)라고 부릅니다. 이름은 머리지만 조선시대에 신윤복이 그린 그림을 보면 연주할 때는 오히려 아래쪽으로 가는 부분입니다.

같은 모양의 가야금은 조선 전기 1493년(성종 24)에 편찬된 음악 이론서인 《악학궤범(樂學軌範)》에도 보이고, 6세기쯤에 신라에서

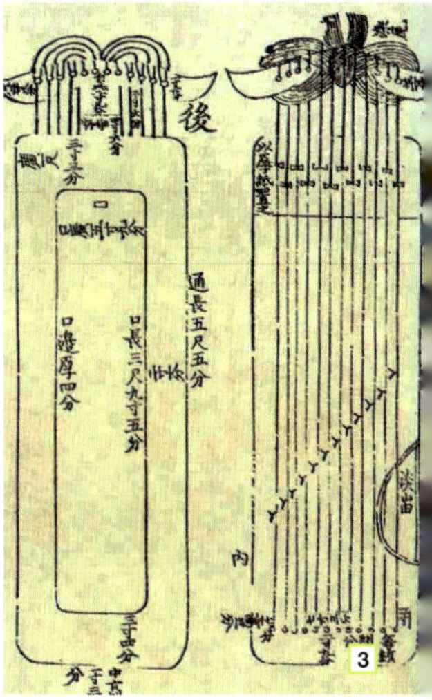

만들어진 토우장식 장경호에도 보입니다. 경주의 계림로 30호분에서 출토되었던 이 장경호의 목과 어깨에는 여러 종류의 사람과 동물을 흙으로 빚은 토우들이 장식되어 있는데, 그 가운데 하나가 앉아서 가야금을 타는 사람의 모습입니다. 국보 195호로 지정될 만큼 드물고 아름다운 토기입니다. 국립경주박물관에 가면 볼 수 있는 이 장경호의 '가야금 타는 토우'도 신윤복의 그림처럼 양이두가 연주자의 왼편으로 묘사되어 있습니다. 다만 12줄이 아니라 6줄로 그려져 있는 차이가 있습니다.

가야금 12곡은 정치적 장치

《삼국사기》는 대가야의 가실왕이 중국의 악기를 보고 가야금을 만들었다고 전합니다. 그러나 5세기 중·후반의 가실왕보다 무려 5백 년 이상 오래된 기원전 1세기의 광주 신창동 유적과 1~4세기의 경산 임당동 유적에서는 10줄로 추정되는 현금(玄琴)이 출토되었고, 6~7세기의 대전 월평동 유적에서도 양이두가 출토되고 있습니다. 이전부터 있었던 삼한의 현금을 가실왕이 개량했던 것이므로, 《삼국사기》가 중국 편향의 시각으로 기록했던 것으로 생각함이 옳을 것입니다.

가야금을 만든 가실왕은 다시 우륵에게 '가야금 12곡'을 작곡시켰습니다. 지금 12곡의 자세한 내용은 알 수 없지만, 그 곡명들만은 《삼국사기》 〈악지(樂志)〉에 전해지고 있습니다. 제가 가야사 공부를 시작할 때만 해도, 가야에 대해서는 가야금밖에 아는 게 없었고, 가야금 12곡은 그저 낭만적인 음악으로만 생각될 뿐이었습니다. 그러나 '거짓 위(僞)', '책 서(書)'의 '위서(僞書)'라고 생각했던 《일본서기》에 대한 비판적 활용의 길이 열리기 시작하면서, 가야금 12곡이 대가야왕의 대외적 주장을 강하게 드러내는 고도의 정치적 장치였다는 사실이 밝혀지게 되었습니다.

가야금 12곡명 = 가야 12국명

《일본서기》는 우리 역사서에 없는 12개 정도의 가야 국명들을 전하고 있는데, 이 가운데 가야금 12곡의 곡명과 일치하는 것이 적지 않습니다. 예를 들어, 제1곡 하가라도(下加羅都)는 남가라(南加羅, 김해), 제2곡 상가라도(上加羅都)는 가라국(加羅國, 고령), 제4곡 다사

(達巳)는 다사(多沙 · 滯沙, 하동), 제7곡 하기물(下奇物)은 하기문(下奇汶, 남원), 제10곡 사팔혜(沙八兮)는 산반해(散半奚, 의령 신반), 제12곡 상기물(上奇物)은 상기문(上奇汶, 임실)과 같습니다. 더구나, 제5곡 사물(思勿)은 사물(史勿, 사천), 제9곡 거열(居烈)은 거열(居烈, 거창)과 같이, 《삼국사기》와 《삼국유사》에서 확인되는 국명도 있습니다. 결국 우륵이 작곡했던 '가야금 12곡'의 곡명은 서부경남과 전북 지역에 분포해 있던 가야 여러 나라의 이름들이었습니다.

그렇다면 대가야의 가실왕은 우륵에게 왜 서부가야의 각국에 가야금 1곡씩을 붙여 작곡시켰던 것일까요? 가실왕은 가야금 12곡의 제작 동기에 대해 '여러 나라의 방언(方言)이 각기 다르니, 어떻게 하면 통일할 수 있을까?'라고 밝히고 있습니다. 그렇습니다. 사투리의 통일을 말하고 있지만, 실상은 가야 여러 나라의 통일을 목적으로 하는 말이었습니다. 12곡의 곡명으로 표현된 가야 여러 나라를 통합할 수 있는 방편의 하나로 가야금 12곡이 작곡되었고, 가실왕은 이들 지역을 아우르는 영역적 팽창을 위해 대가야 출신이 아닌 우륵에게 작곡시켰던 것입니다.

물론 이것으로 가야금 12곡이 지니는 고도의 정치적 의미가 다 밝혀진 것은 아닙니다. 가야금 12곡의 배열과 대가야의 건국신화, 우륵의 출신지와 정치노선 등을 좀더 따져봐야겠습니다.

뒤바뀐 상하

가야금 12곡의 제1곡명은 하가라도, 제2곡명은 상가라도입니다.

상식적으로 볼 때 상가라도가 먼저 나오는 것이 타당하겠지만, 상과 하가 뒤바뀐 채 제1곡에 하가라도가 배정되었습니다. 더구나 상가라도를 고령의 대가야로 보는 데에는 이견이 없습니다. 가야 여러 나라의 통합을 위해 가야금 12곡을 작곡시켰던 동기와 대외적 주장을 생각한다면, 가야금 12곡의 제1곡명으로 대가야의 상가라도를 먼저 내세우는 것이 당연했을 것입니다.

그러나 가야금 12곡명의 배열은 그렇게 되지 않았습니다. 그렇기 때문에 이러한 배열의 의미에 대해 별도로 생각해 보지 않을 수 없습니다. 하가라도에 대해서는 고령(상가라도) 바로 아래쪽의 합천으로 보는 견해도 있지만, 가야사의 전개와 건국신화에 비추어 볼 때, 김해의 가락국으로 보는 것이 타당합니다. 하가라도와 상가라도의 양쪽 모두에 서울을 뜻하는 도(都)가 붙어 있다는 것이 단서가 됩니다. 전기의 '큰 가야' 가락국과 후기의 '큰 가야' 대가야에만 어울리는 명칭이니까요.

두 개의 건국신화

우리가 흔히 알고 있는 가야의 건국신화는 구지봉에 내려온 여섯 알 가운데서 가장 큰 알이 가락국의 수로왕이 되었고, 나머지는 흩어져 다섯 가야의 왕이 되었다는 내용입니다. 김해에 전해지는 가락국 중심의 건국신화입니다. 그리고 해인사가 있는 가야산에는 또 다른 가야의 건국신화가 전해지고 있습니다.

앞서 말했듯이 가야의 산신이 천신에 감응받아 대가야왕 뇌질주

일과 금관국왕 뇌질청예를 낳았다는 내용입니다. 고령의 대가야가 형으로, 김해의 금관국(가락국)은 아우로 설정되었습니다. 이름 앞의 뇌질(惱窒)이 무슨 뜻인지는 알 수 없으나, 양쪽 모두에 공통되는 것으로 보아 같은 성(姓)에 해당되는 것으로 생각할 수 있습니다. 그러나 이름에서는 차이를 두었습니다. 대가야왕은 주일(朱日), 붉을 주(朱), 해 일(日)의 '붉은 해'로 칭송되었으나, 금관국왕은 청예(靑裔), 푸를 청(靑), 후손 예(裔)의 '새파란 후손'이란 뜻으로 격하되었습니다. 지금은 합천군이지만 가야산에 전해지는 고령 대가야 중심의 건국신화입니다.

김해 가락국의 건국신화에는 다른 가야국과의 관계가 김해가 크고, 다른 가야가 작은 여섯 개의 알로 표현되었지만, 대가야의 건국신화는 김해와의 관계만을 말하고 있을 뿐입니다. 금관국은 여러 가야국과의 관계를 의식하고 있었지만, 대가야는 김해와의 관계만을 주장하였습니다. 후기 가야인 대가야는 스스로를 형으로, 금관국을 아우로 주장하면서도, 가야적 정통성의 계승을 전기 가야의 중심이었던 김해에서 구하고 있었던 것입니다.

그렇습니다. 상보다 하를 앞세워 제1곡에 하가라도를 배열하였던 까닭은 후기 가야의 중심국인 대가야가 전기 가야의 중심국, 김해 가락국의 가야적 정통성 계승을 대외적으로 천명하려 했기 때문이었습니다. '김해 가락국의 정통을 계승한 것이 우리 대가야이고, 이제 그러한 권위를 배경으로 가야금 12곡에 포함시킨 가야 여러 나라를 통합해가겠다'는 의지의 표현이었던 것입니다.

우륵 영정

우륵의 비애

그런데 정작 가실왕의 명을 받들어 '가야금 12곡'을 작곡했던 우륵은 고령 사람이 아니었습니다. 《삼국사기》는 우륵의 출신지를 성열현(省熱縣)으로 전하는데, 현재의 의령군 부림면입니다. 《일본서기》를 참고로 할 때, 부림면 신반에는 사팔혜국 또는 산반해국이라는 가야국이 있었던 것으로 여겨집니다. 대가야의 왕은 다른 가야국의 백성인 우륵을 고령으로 불러들여, 가야금 12곡을 작곡시키는 강제력을 행사했던 것으로 해석됩니다.

그러나 가야금 12곡을 작곡한 우륵은 고향인 의령으로 돌아가는 것이 아니라 대가야가 멸망하기도 전에 신라에 투항하였고, 신라 진흥왕은 그를 충주에 안치시켰습니다. 6세기 중엽의 대가야 왕실은 친백제정책을 추진하고 있었지만, 우륵은 친신라노선을 추구하고 있었던 모양입니다. 아니, 의령의 산반해국에서 고령의 대가야로 불러들여진 예속민이라는 정서가 그렇게 시켰을 수도 있었을 겁니다.

충주의 탄금대(彈琴臺)는 임진왜란 때 신립 장군이 강을 등지는 배수진을 쳤던 것으로 유명하지만, 가야의 망명객 우륵이 한강 유

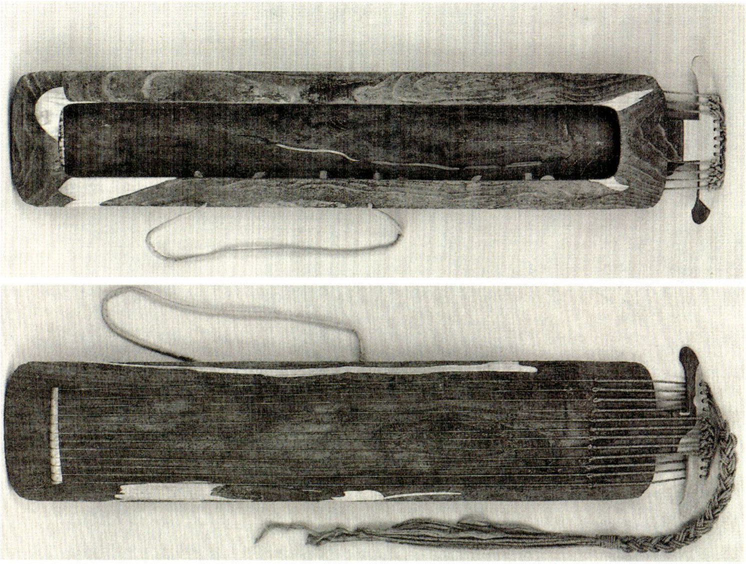

가야금(일본 동대사정창원의 신라금)

역 전투에서 귀환하는 진흥왕을 위해 가야금을 연주했던 것에서 생긴 이름입니다. 진흥왕은 가야금과 가야금 12곡에 매우 끌렸고, 음악의 정치적 효과에도 정통해 있었던 모양입니다. 망한 나라의 음악이라는 신하들의 반대를 무릅쓰고 우륵으로 하여금 제자들을 키우게 했고, 끝내는 신라의 국악으로 정착시켰습니다. 피정복국 가야의 음악이 정복국 신라의 국악이 되었습니다.

일본 동대사(東大寺) 정창원(正倉院)에 전해지는 가야금이 신라금으로 불리게 된 사연이기도 합니다. 가야금이 신라금으로 변한 뒤에 일본 왕실에 전해졌기 때문입니다.

22. 메이드 인 대가야

가야는 토기밖에 없나?

이제는 우리 주위에도 제법 여러 박물관이 생겨나, 어렵지 않게 가야의 역사와 문화를 접할 수 있게 되었습니다. 가야 각국의 역사가 펼쳐졌던 김해·부산·고령·합천·창녕·함안 등에는 가야문화 중심의 국·공립박물관이 세워져 있어, 가야 유물들이 진열장을 가득 메우게 되었습니다.

그러나 이들 진열장에 압도적으로 많은 비중을 차지하고 있는 것은 단연 가야토기입니다. 보기에 따라서는 가야토기의 다양성과 미적 감각에 대한 감탄보다 '가야는 토기밖에 없었나? 왜 토기만 전시하고 있는 거지?'와 같은 의문이나 식상함을 느끼는 사람들도 적지 않은 것 같습니다. 우리의 많은 박물관이 그렇듯이, 고고학 중심의 박물관이라서 그렇고 고고학의 중심에는 토기가 있기 때문입니다.

여러 종류의 유물 가운데서도 토기는 수량이 가장 풍부하고, 유행의 변화에 민감하기 때문에 시기의 추정이나 문화의 특징, 또는 세력판도의 변화 등을 읽어내는 데 좋은 자료가 됩니다. 조금은 지루할지도 모르지만, 자세히 들여다보면 그 특징과 변화에서 읽을 수 있는 가야의 역사와 문화가 만만치 않음을 보게 됩니다. 그 일부를 소개해보도록 하겠습니다.

가야토기의 지역색

우선 낙동강 서쪽에 주로 분포하는 가야토기는 낙동강 동쪽의 신라토기와 차이를 보입니다. 고배(高杯)로도 불리는 굽다리접시들을 자세히 보면 2단으로 만들어진 다리 부분에는 위아래로 네모난 창이 뚫려 있습니다만, 신라토기의 창이 1단과 2단의 창이 서로 교차되게 만들어진 것과 달리, 가야토기의 창은 위아래가 수직으로 나란히 뚫려있는 특징을 보입니다. 물론 확률 100퍼센트의 이야기는 아닙니다. 그러나 적어도 80퍼센트 이상이 되는 확률로, 대체적으로 양쪽 문화의 특징을 구분하는 기준으로 사용해도 좋을 것입니다.

물론 낙동강 서쪽의 가야토기라고 다 같은 것도 아닙니다. 김해, 함안, 고성, 창녕, 고령 등에서 출토되는 가야토기는 서로 구분되는 제각각의 특징을 가지고 있습니다. 한 예로 굽다리접시로 본다면, 뚜껑이 없는 김해 가락국 형식, 다리에 불꽃 모양의 창을 뚫은 함안 아라국 형식, 다리 아래 부분을 깊게 접어 단을 지운 고성 고자국 형식, 다리를 축소해 뚜껑에 거꾸로 세워 붙인 창녕 비사벌국 형식, 단추 모양의 꼭지를 붙인 고령 대가야 형식 등이 뚜렷이 보입니다.

'가야토기의 지역색' 으로 불리는 것으로, 한 덩어리의 '가야연맹' 이 아닌 '가야 각국' 의 문화적 특징을 발견할 수도 있을 것입니다.

메이드 인 대가야의 확산

이렇게 고령의 대가야에서 만든 굽다리접시, 장경호, 그릇받침 등은 다른 지역, 다른 가야국과 아주 분명하게 구분되기 때문에,

1 그릇받침(기대) **2** 합 **3** 그릇받침과 긴 목 단지 **4** 그릇받침과 큰 입 단지 _국립김해박물관

이들을 '메이드 인 대가야'로 부르는 데 문제는 없을 겁니다. 고령 양식으로 부르기도 합니다만, 같은 스타일의 토기가 고령 지역에서만 발견되는 것이 아니라, 대가야의 영향력이 미쳤던 모든 지역에서 출토되기 때문에, 대가야 양식의 토기로 불러도 좋을 것입니다.

그렇습니다. 이러한 대가야 양식의 토기는 고령을 벗어나 다른 가야 지역으로도 확산되었고, 그 과정은 고령의 가라국이 서부경남 지역의 대가야로 성장해 간 과정을 보여주는 것으로 해석되고 있습니다. 5세기 1/4분기에 성립된 대가야 토기는 5세기 2/4분기부터

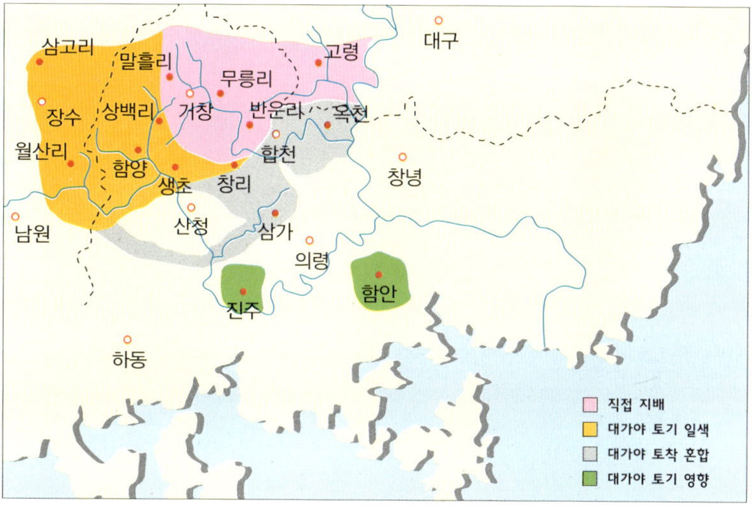

대가야 토기의 확산으로 본 대가야의 팽창

합천·남원 등으로 확산되기 시작해, 5세기 3/4분기가 되면 합천·거창 등의 지역은 대가야 토기 한 가지로 변합니다. 5세기 4/4분기에서 6세기 2/4분기에는 함양·남원 등이 대가야 토기 일색으로 변하고, 산청에서 하동까지 진출하게 되며, 진주·고성 지역까지 영향을 미치게 됩니다. 물론 대가야가 망하는 6세기 3/4분기가 되면, 전북의 일부와 서부경남의 대가야 토기가 신라계 문물로 대체되는 변화도 확인됩니다.

결국 이러한 대가야 토기의 확산과정은 가라국이 다음 세 단계에 걸쳐 서부경남 지역으로 진출하던 모습을 보여줍니다. 5세기 중엽에 전북 일부와 서부경남을 경제교역권으로 구성하였다가, 5세기 후반에는 이들 지역을 간접지배권으로, 6세기 초에는 합천·삼가·

'대왕' 이 새겨진 긴 목 단지. 오른쪽 위 뚜껑 세부, 오른쪽 아래 몸통 세부_충남대박물관

거창 · 함양 등을 직접지배의 영역으로 확보하게 됨으로써, 명실 공히 대가야로 성장하였던 것으로 해석되고 있습니다.

현재 충남대박물관이 소장하고 있는 대가야 형식 장경호의 뚜껑과 몸통에는 각각 "大王(대왕)"이란 명문(銘文)이 있습니다. '메이드 인 대가야' 토기에 씌어 있는 "大王"이야말로 '가야 여러 나라 왕중왕(王中王)'의 위상을 웅변해 주는 것이라 할 것입니다.

23. 고령에서 양자강까지

2천6백 킬로미터의 대장정

서기 479년, 중국에서 남송(南宋)이 망하고 남제(南齊)가 건국되었을 때, 고령의 대가야왕은 '가라국왕(加羅國王) 하지(荷知)' 라는 이름으로 저 머나먼 중국의 양자강 하구까지 외교사절을 파견합니다. 가야 여러 나라 가운데서 유일하게 대가야가 전개했던 단 한 번의 대(對)중국외교였습니다.

경북 고령에서 출발한 대가야의 사절단은 고령에서 남원까지 육로 115킬로미터, 남원에서 하동까지 수로 66킬로미터, 하동에서 양자강 하구까지 해로 2,427킬로미터를 거쳐 총 2,608킬로미터의 장거리 여행 끝에 중국의 양자강 하구에 도달했을 것입니다. 이러한 기록은 대가야의 사절단을 맞아들였던 남제 측의 《남제서(南齊書)》에만 있고, 우리 측에는 없기 때문에 사절단의 무사귀환 여부는 확실치 않지만, 왕복이었다면 5,216킬로미터나 되는 실로 엄청난 장거리 여행이었습니다.

경북 내륙에서 중국으로 가자면 먼저 남해로 나와야 하는데, 고령에서 남해로 나오는 길은 낙동강과 섬진강의 두 물길을 생각할 수 있습니다. 고령읍 바로 앞의 회천을 거쳐 개진나루에서 낙동강으로 나오는 길이 쉬웠을 테지만, 479년의 상황은 그렇지 못했을 것입니다. 5세기 중반에 신라는 이미 낙동강 하류의 양산과 동래 지역을 장악하였고, 고령 바로 아래 적포 등 나루가 있는 창녕 지역

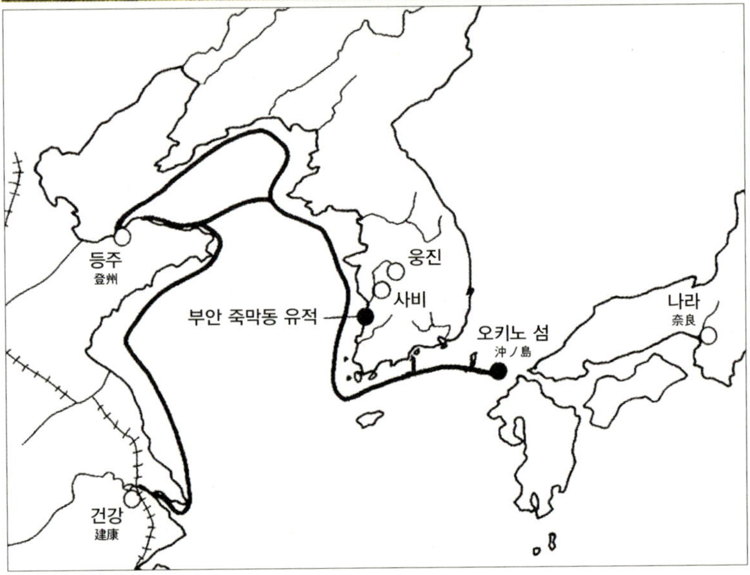

개진나루(위), 479년 대가야~남제 항로 추정도(아래)_국립전주박물관

에 군사적 압력을 증가시키고 있었던 시기이기 때문입니다.

따라서 서쪽의 섬진강 루트를 이용할 수밖에 없었을 것입니다. 섬진강 하구에 도달하려면 고령 → 합천 → 거창 → 함양 → 남원(운봉)의 육로와 남원 → 곡성 → 구례 → 하동의 섬진강 수로를 경유했을 것이고, 남해와 서해의 해로를 거쳤을 것입니다. 고령에서 하동까지는 앞에서 대가야 토기의 확산으로 말씀드린 것처럼, 같은 시기의 대가야왕은 이들 지역에 강한 영향력을 행사하고 있었고, 그렇기 때문에 자신의 사절단을 안전하게 보낼 수 있었습니다. 하동에서부터는 바다를 건널 수 있는 크고 단단한 배가 준비되었을 것이고, 전남 목포 앞바다를 돌아, 서해안을 따라 황해도나 요동반도 끝까지 북상해, 거기에서 황해를 건너 산동반도에 이르고, 다시 중국의 동해안을 따라 남하해, 양자강 하구에 도착하는 2천6백 킬로미터 이상의 대장정이었던 것입니다.

전북 부안의 죽막동 유적

1991년, 전북 부안에서 바로 이 대가야 사절단이 통과했던 해로를 증명해 주는 유적이 발견되었습니다. 변산반도 끝자락에 위치한 전북 부안의 죽막동 유적입니다. 언젠가 위도 페리 전복사고라는 대형 참사로 뉴스가 되기도 했던 곳으로, 지금도 항해하기가 어려운 바닷길의 현장인 모양입니다. 그래서 그런지 조선시대에 세워진 수성당(水城堂)에는 항해의 안전을 지켜주는 수성할미(개양할미)가 받들어 모셔지고 있습니다.

죽막동 유적 발굴 전경_국립전주박물관

이 수성당 뒤뜰에서 대가야의 철제 무기류와 마구류가 들어있는 대가야 계통의 큰 항아리가 발견되었습니다. 이 대가야 계통의 항아리·철제 창·말갖춤새 등은 대개 5세기 후반에서 6세기 전반의 물건으로 여겨지고 있습니다.

이 시기가 바로 479년에 대가야왕이 외교사절을 중국에 파견하였던 것과 꼭 겹치게 됩니다. 항해 중에 풍랑이 일자, 안전을 비는 제사를 올리고, 항해의 성공여부를 점치고자, 사절단은 효험이 있기로 알려진 이곳에서 제사를 지냈습니다. 이 제사에서 해신에게

1 대가야 대옹 **2** 철창 **3** 행엽 _국립전주박물관

바쳤던 대가야의 귀중품들이 1991년에서야 발견되었던 것입니다. 이렇게도 중요한 유물이 1천5백 년 동안 지표에 가깝게 남아있었던 것이지요. 어떻게 들릴지 모르겠습니다만, 개발이 늦었던 전라도의 덕분이랄 수 있을지도 모르겠습니다.

동아시아 외교무대에 등장한 대가야

479년, 대가야왕은 이토록 어려운 과정을 거쳐 '보국장군(輔國將軍) 본국왕(本國王)'의 칭호를 받았습니다. 그러나 그 전까지 중국왕조에 빈번하게 외교사절을 파견하고 있었던 고구려·백제·신라·왜 등이 이때 사신을 파견했던 흔적이 전혀 없습니다. 삼국이나 왜의 중개 또는 안내는 전혀 상상할 수 없는 대가야의 독자적 대중국 교섭이었습니다. 대가야는 이미 해로에 대한 정보와 항해능력은 물론, 대중국 외교관례에 대한 사전(事前) 지식도 아울러 갖추고 있었던 것으로 생각됩니다.

물론 대가야왕이 받은 '보국장군'은 같은 3품이라도, 고구려의 정동장군(征東將軍), 백제의 진동장군(鎭東將軍), 왜의 안동장군(安東將軍)보다는 한 등급이 낮은 것이었습니다. 비교적 낮은 장군의 칭호가 수여된 것은 분명합니다. 그러나 백 년 동안이나 외교관계를 가지면서 고구려왕과 같은 높은 등급의 장군호를 받았던 서융의 무도왕(武都王, 399년)이나 탕창왕(宕昌王, 457년)에게도 처음에는 '보국장군'이 제수되었습니다. 결국 대가야왕의 보국장군은 최초의 외교교섭에서 받았던 장군호로서 그다지 낮은 것은 아니었습니다.

아울러 '본국왕'은 가야 전체의 왕이 아닌 대가야 1국의 왕을 의미합니다. 중등학교 교과서 같은 일반적인 서술과 같이, 대가야왕이 이른바 '가야연맹'의 맹주였다면, 소속의 가야국명을 모두 포함하는 칭호를 요청했을 테지만, '가라국왕 하지'의 칭호는 '본국왕'에 국한되고 있습니다.

가라국왕 '하지(荷知, haji)'는 가야금을 만들어 우륵에게 가야금 12곡을 작곡시켰고, 지산동 44호분의 주인공으로 추정되는 대가야왕 '가실(嘉實, kasi)'로 여겨지고 있습니다.

24. 여성을 빼앗긴 가야산신

가야산 해인사(海印寺)

우리나라 3대 사찰의 하나인 해인사로 갑니다. 불교의 세 가지 보물, 불(佛)·법(法)·승(僧) 가운데 법의 상징인 팔만대장경이 있기에 법보사찰(法寶寺刹)로 불리는 해인사는 가야산에 있습니다. 지금 해인사는 경상남도 합천군이지만, 합천군 소재지보다는 고령군청에서 훨씬 가깝고, 대가야 건국신화의 중심무대도 되기 때문에 대가야의 역사와 문화에 포함시켜 생각해야 할 부분이 적지 않습니다.

가야산 해인사는 경허 스님이나 성철 스님을 더욱 생각나게 하는 현대 불교의 성지임에 틀림없습니다. 그러나 불교 전래 이전에는 대가야 건국신화의 무대가 되는 가야문화의 성지이기도 했습니다. 현재의 가야산과 가야면 같은 지명도 이러한 흔적의 하나이지만, 불교의 성지 해인사에는 지금까지도 대가야 건국신화의 흔적이 남아있습니다.

국사단(局司壇) 할아버지

일주문을 지나, 사천왕문으로도 전해지는 봉황문을 지나면, 가파른 돌계단 위로 해탈문이 우선 눈에 들어옵니다. 그러나 정작 우리가 눈여겨보아야 할 곳은 그 계단 아래 오른쪽 귀퉁이에 자리한 국사단입니다. 정면 3칸에 측면 1칸짜리인 자그마한 맞배집 사당

해인사 국사단, 가야산신

안을 들여다보면, 코 밑과 턱에 검은 수염을 수북하게 기르고, 검은 장화에 붉은 옷을 두른 할아버지 한 분이 서 계십니다. 결이 그대로 드러난 나무판에 그려진 초상은 나무 액자에 넣어져, 불단 중앙에 있는 빨간 방석 위에 올려져 있습니다. 이분이 바로 가람의 수호신 국사대신(局司大神)입니다.

이분은 불(佛)이 아니라 신(神)입니다. 곧 불교 이전부터 그 자리에 있었던 토착신으로서, 해인사를 짓는 데 필요한 땅을 빌려 주었던 토지신이었습니다. 불교가 땅을 빌리는 대신, 토착종교의 토지신을 국사대신으로 대우해 모시게 된 것입니다. 아니 빌렸다기보다는 외래종교인 불교가 토착종교의 신성성을 극복하기 위해 이전까지 신성시되던 공간을 의도적으로 선택한 결과입니다. 영주의 부석사처럼 불교는 토착종교의 신성한 공간에, 풍기의 소수서원처럼 유교는 불교의 절터에, 각각 사찰과 서원을 세우던 것과 같은 논리입니다.

가야산신 정견모주

어쨌든 해인사가 토착종교의 토지신에게 빌린 땅이 가야산이었고, 그 산신이 할아버지로 그려져 있는 것입니다. 그러나 원래의 가야산신은 대가야의 건국신화에서 천신 이비가와 혼인하였던 정견모주였습니다. 정견모주의 모주(母主)는 '어미 모(母)'에 '님 주(主)' 자로 '어머님'으로 새겨질 수 있는 말입니다. 원래 '어머님'은 대지의 신이고, 산신은 여성입니다. 천신이 남성이고, 지신이 여성임은 세계 공통입니다.

그런데도 해인사에 땅을 빌려주었던 가야산신이 지금은 할아버지로 그려져 있습니다. 일찍이 손진태(孫晉泰) 선생이 밝혔던 것처럼, 원래 여성이었던 산신의 성이 언제부터인가 남성으로 바뀌었던 것입니다. 남성중심사회의 부산물이었을 것입니다. 다행히도 지리산 등에는 아직도 여성 산신이 남아있습니다. 지리산의 노고단(老姑壇)은 '늙을 노(老)' 에 '여자 고(姑)' 자의 '할미단' 입니다. 이 노고(老姑)는 노구(老嫗)와 같은 용례로서, 《삼국사기》에도 자주 보여, 국가의 변고를 예고하는 할미나 영웅을 기르는 모성으로서 지신이나 산신과 같이 이해되고 있습니다.

결국 정견모주의 정견(正見)은 8정도(正道)의 하나로서, 해인사의 성립 이후에 불교적으로 채색된 말이겠지만, 모주는 가야산신인 '할매' 의 모습을 그대로 반영하고 있는 흔적임에 틀림없고, 남성중심사회가 되면서 여성을 빼앗긴 탓에 수염이 더부룩한 '할배' 의 모습으로 남게 되었던 것으로 생각됩니다.

대가야 건국신화에서 가야산신이 차지하는 비중을 생각할 때, 해인사 이전의 가야산은 대가야 건국의 성지이기도 하였습니다. 앞서 말했듯이 이러한 내용들은 신라 말의 최치원이 해인사를 창건한 이정 스님의 전기를 편찬하는 과정에서 채록되었던 대가야 역사의 조각이었습니다. 그런 뜻에서 해인사 아래의 홍류동과 농산정에 남은 최치원의 자취를 살피는 것도 좋겠지요.

다만 이제 여러분들은 수염이 덥수룩한 할아버지 신의 모습을 볼 수 없게 되었습니다. 이 글이 신문에 나간 탓인지, 해인사에서는

새로운 정견모주상

'정견모주의 상'이라 하여, 제가 주장하는 내용처럼 바꾸어 놓았기 때문입니다. 이야깃거리 하나가 줄어버린 것은 아쉽지만, 대가야 건국신화의 원래 모습을 살필 수 있게 된 기쁨이 더 큰 것 같습니다.

25. 비운의 월광태자(月光太子)

월광태자의 탄생

해인사의 국사단에 할아버지로 둔갑해 있던 가야산신 정견모주가 '원조 국모'로서의 지위와 성격을 다시 한 번 보여주는 것이 종

말기 대가야의 이야기입니다. 신라 말에 최치원이 해인사에 머물면서 창건자 이정과 순응(順應) 두 스님의 전기를 편찬하였고, 조선 전기의 《신증동국여지승람》은 고령현의 연혁을 밝히는 데 이 전기들을 인용했습니다. 순응 스님의 전기를 인용하면서 "대가야국 월광태자는 정견모주의 10세손으로, 아버지는 이뇌왕(異腦王)이라 하는데, 이뇌왕은 신라에 청혼해 이찬(伊湌) 비지배(比枝輩)의 딸을 맞아 태자를 낳았다"고 전합니다.

대가야 말기에 태어난 월광태자의 계보를 '원조 할머니'에서 구하고 있는 특별한 전설입니다. 삼국도 다 그러하지만, 가락국의 후예 김유신이 천신이면서 '원조 할아버지'인 수로왕에서 계보를 구하는 것과는 큰 차이가 있습니다. 천신인 남성이 아니라, 지신인 여성에서 최초의 계보를 구했다는 점이 특별하다는 것입니다. 부자상속의 전통이 성립하기 이전이었고, 해인사가 위치한 가야산이 전설의 중심이 되었기 때문이라고 생각됩니다.

그러나 그 원인과 배경이야 어떻든 월광태자는 대가야와 신라의 국제결혼에서 태어난 사람으로서, 탄생에서부터 비운의 씨앗이 잉태되고 있었던 것입니다.

결혼동맹의 결렬

《삼국사기》와 《일본서기》에 따르면 월광태자는 522년에서 529년 사이에 태어난 것 같습니다. 《삼국사기》는 법흥왕 9년(522) 3월에 가야국왕이 사신을 보내 청혼하기에, 이찬 비조부(比助夫)의 누이동생을 시집보냈다고 전하고, 《일본서기》는 529년 3월에 시집보냈던 신라가 왕녀를 소환하려 하자 이미 부부를 이루었고 자식도 낳았기 때문에 돌려보낼 수 없다는 대가야왕의 주장을 전하면서, 대가야와 신라가 전쟁 관계에 돌입하는 상황을 전하고 있습니다. 《신증동국여지승람》이 전하는 이찬 비지배는 《삼국사기》의 이찬 비조부와 같은 인물로, 그의 딸과 누이동생이라는 차이는 있지만 같은 역사의 사실을 말하고 있음은 분명합니다.

결국 522년에 대가야와 신라는 왕실 사이의 혼인을 매개로 동맹관계를 맺었고, 여기에서 태어난 월광태자는 결혼동맹의 증표와 같은 존재였습니다. 그러나 7년 동안 유지되던 결혼동맹이 529년, 신라의 배반으로 깨지면서 월광태자의 비운은 시작되었습니다. 어머니 나라인 신라와의 적대관계는 대가야 왕권 계승자였던 월광태자의 처지를 아주 곤란하게 하였을 것이고, 끝내 대가야왕으로 즉위하지 못하게 된 원인이 되었을 겁니다. 월광태자를 대가야의 마지막 왕 도설지와 같은 인물로 보려는 생각도 있지만 신라 말의 마의태자처럼, 태자라고 해야 멸망에 어울리는 상징이 되고 즉위하지 못했던 비운과 조국 멸망의 통한이 겹쳐지는 이야기로 전해져 내려오기에 안성맞춤이었을 것입니다.

월광사지

원래 월광태자는 석가모니가 과거 세상에서 국왕의 아들로 태어났을 때의 이름이었습니다. 나병환자의 치료를 위해 자기 목숨을

월광사지 서탑에서 본 동탑

버려 가면서 골수를 빼주는 선행을 베풀었다고 합니다. 숭고한 희생의 표상이라는 점에서, 결혼동맹의 결렬로 즉위하지 못하고 희생되었던 월광태자의 이미지와 잘 맞아떨어지는 것이라고 생각됩니다. 해인사나 월광사 같은 사찰창건 설화에 아주 알맞은 소재였을 것입니다. 이렇게 월광태자는 그 이름부터 불교와 직결되어 있고, 해인사 관련의 전설로 그 이름이 전해지고 있습니다.

해인사 서쪽 5리에 있었다는 거덕사(擧德寺)는 월광태자가 불문에 귀의한 곳으로 전해지고, 가야산에서 가야천을 따라 남쪽으로 조금 내려온 곳에는 월광태자가 세웠다는 월광사(月光寺)도 있습니다. 지금의 월광사에는 동서로 마주 하고 있는 통일신라 후기의 3층 석탑 2기가 남아있을 뿐이지만, 결혼동맹의 산물로서 동맹의 파탄 때문에 방황을 거듭할 수밖에 없었던 월광태자의 비운을 그려보기에는 좋은 답사지가 될 것입니다.

멸망기의 대가야 왕권은 백제에 가깝고 신라에 적대적인 정책을 펼치고 있었습니다. 그렇기 때문에 신라 여인을 어머니로 두었던 월광태자의 비운은 더욱더 깊어질 수밖에 없었던 것입니다. 이제 대가야의 역사를 더듬는 고령 지역의 여행도 종점에 가까워지고 있는 모양입니다. 대가야 속의 백제 고분을 찾아 멸망기의 상황을 이야기하고 싶습니다.

26. 대가야의 왕도에 백제 고분이?

고아동 벽화 고분

대가야 왕도의 한복판인 고령 읍내에 백제 스타일의 고분이 남아 있습니다. 지산동 고분군에서 대가야박물관을 지나, 고령여중 남

고아동 벽화 고분 현실 내부(왼쪽 위), 내부 천정석(오른쪽 위), 천정 연화문(아래) _계명대박물관

쪽 담장 오른쪽의 순환로를 따라 읍내로 가다가, 회천을 마주보면서, 오른쪽의 얕은 산봉우리를 끼고 돌아 얼마쯤 내려가면, 고아동 벽화 고분이란 표지판이 보입니다. 표지판 대로 가파른 돌계단을 조금 올라가면, 네모반듯한 돌을 쌓아 올려 돌방 입구를 만든 큰 무덤을 만나게 됩니다. 가야 지역에서 유일한 벽화 고분입니다. 벽화의 보존을 위한 녹색 철문은 언제나 굳게 잠겨 있습니다.

안내판의 내부사진과 도면에서 볼 수 있는 것처럼, 우리가 지금까지 보아온 가야의 무덤과는 전혀 다르게 생겼습니다. 먼저 네 벽을 세우고 천장을 덮는 가야 고분과는 달리 짧은 벽 한편에 입구를 만드는 석실분으로, 백제의 무령왕릉 같은 모양입니다. 벽돌 대신 깬 돌로 벽을 쌓았다는 점이 다르긴 하지만, 좁히며 올라간 둥근 천장, 하얀 회가 칠해진 벽과 천장, 천장에 그려진 연꽃 등은 누가 봐도 6세기 중반쯤에 만들어진 백제 스타일의 고분임이 분명합니다.

군사동맹의 상징

가야 여러 나라 가운데서 마지막으로 대가야가 신라에 통합되는 것이 562년이니까, 6세기 중반까지라면 대가야가 아직 독립국으로서 왕권을 유지하고 있을 때입니다. 그런데도 어째서 백제 스타일의 무덤이 대가야 왕도 한복판에 자리하게 되었던 것일까요? 당시에 대가야가 직면하고 있었던 국제정세를 보면 이해가 가지 않는 것도 아닙니다. 《삼국사기》와 《일본서기》에 따르면, 554년에 대가야는 백제와 함께 신라를 공격합니다. 나중에 위덕왕(威德王)이 되는 왕자 창(昌)의 실수로 백제 중흥의 영주, 성왕(聖王)이 전사하는 관산성 전투입니다.

관산성은 충북의 옥천으로 비정되고 있습니다. 경북 고령의 대가야군이 합천에서 거창으로 나와서 덕유산을 돌고 나제통문(羅濟通門)을 거쳐 북상했던 제법 먼 거리의 원정이었습니다. 더구나 이 전쟁의 8년 뒤인 562년에 신라군이 왕도에 침입하자, 대가야는 이렇다 할 저항도 못하고 멸망하고 맙니다. 무리한 원정과 총력전을 무릅쓰면서까지 백제를 도왔기 때문이었습니다. 대가야가 나라의 운명을 걸고 백제를 지원해야 할 군사동맹의 관계가 기능하고 있었던 증거가 됩니다.

이러한 대가야 멸망기의 친백제정책은 앞서 '가야금 12곡'에서 살펴보았던 것처럼, 529년에 신라와 맺었던 결혼동맹이 결렬된 뒤 대가야가 새롭게 전개했던 대외정책 노선이었습니다. 그렇기 때문에 친신라파였던 우륵은 백제 편향의 대가야 왕권에 대한 불만에서 가야금을 안고 신라에 투항할 수밖에 없었던 것입니다. 멸망기 대가야의 친백제정책은 고령 한복판에 백제 스타일의 고분이 만들어질 수 있는 환경이 되었습니다. 그렇기 때문에 백제 스타일의 고아동 벽화 고분은 대가야와 백제 사이 군사동맹의 상징 같은 의미로 이해될 수 있습니다.

백제인의 무덤?

고아동 벽화 고분은 완전히 도굴된 상태에서 발견되었기 때문에 출토된 유물도 별로 없었고, 무덤의 주인공을 알 수 있는 정보 또한 별로 없습니다. 1963년 서울대 고고인류학과, 1984년 계명대박물관의 조사에서 청동못과 쇠못, 인골과 토기 조각들이 출토되었을 뿐이어서, 고분의 아랫단에 돌을 둘러 봉토가 흘러내리는 것을 막는 호석의 열과 봉토 사이에서 출토된 대가야 토기가 유일한 단서입니다. 이 토기가 다른 곳에서 흙을 퍼오는 데 섞여 들어 간 것이 아니라면, 봉분 축조 과정에서 행해진 제사의 흔적으로 생각할 수 있고, 그렇기 때문에 대가야인들의 매장의례에 따라 묻힌 대가야 왕실의 인물을 생각해 볼 수도 있습니다.

그러나 대가야의 왕릉이 모여 있는 지산동 고분군에서 제법 멀리 떨어진 독립구릉인데다가, 안림천과 대가천이 만나 회천을 이루는 좋은 교통의 요지에 만들어져 있습니다. 가깝게 내려다보이는 회천과 고령평야도 해발 350미터의 높은 지산동 고분군에서 보는 것은 매우 다릅니다. 그렇기 때문에 저는 여기에 서면 언제나 공주의 송산리 고분군에 서 있는 것 같은 느낌마저 듭니다.

군사동맹을 유지하려고 파견되었던 백제인의 무덤일 수도 있습니다. 다만 추가로 매장된 흔적은 분명하다니까, 단기간 출장했던 백제인의 무덤으로 생각하기는 어렵습니다. 여러분의 생각은 어느 쪽입니까? 어쨌든 대가야의 지배층이 백제파와 신라파로 갈려 심각한 내부분열을 겪기 시작했다는 것은 멸망의 시간이 얼마 남지 않았음을 알려주는 것이기도 합니다.

27. 섬진강 유역 쟁탈전

서쪽에도 적은 있었다

멸망기의 대가야가 친백제의 대외정책을 펼쳤던 것에 대해서는 이미 두서너 번에 걸쳐 이야기했습니다. 그러나 대가야의 정책노선이 언제나 그랬던 것은 아니었습니다. 대가야가 팽창해 나가던 시기, 그러니까 5세기 후반까지만 해도 서쪽의 섬진강 유역을 둘러싸고, 475년에 공주로 천도한 백제가 추진했던 남진정책에 커다란 군사적 충돌도 마다하지 않고 있었습니다.

우리 《삼국사기》의 기록이 동쪽의 신라와의 관계만을 전하는 것

하동고소성(쟁탈전 때 대가야 거점 추정)에서 내려다본 섬진강

과 달리, 《일본서기》는 서쪽의 백제와의 충돌을 비교적 일관되고 상세하게 전하고 있습니다. 그래서 이제 그 이야기를 좀 하려고 합니다.

전라도의 가야국

《삼국유사》에서 일연 스님은 가야 여러 나라의 서쪽 경계를 지리산으로 전합니다. 지리산은 지금도 경상도와 전라도를 나누는 경계이지만, 더 확실하게 나누기 쉬운 경계선은 섬진강이 좋을지도 모르겠습니다. 그렇기 때문에 지금까지는 섬진강을 경계로 서쪽은 백제, 동쪽은 가야라는 생각이 일반적이었습니다.

그러나 요 몇 해 사이에는 진안 · 장수 · 임실 · 남원 등 전북 지역과, 구례 · 순천 등 전남 일부의 섬진강 서쪽 지역에서도 가야 고고학의 증거들은 속속 발견되고 있습니다. 가야 고고학의 증거들이란 가야 계통의 고분군과 거기에서 출토되는 대가야 계통의 유물들을 말합니다. 이들 지역에 수십 수백의 떼를 이루고 있는 가야 고분군은 대개 5세기 전반에서 6세기 전반까지 백여 년 이상 장기간에 걸쳐 만들어진 것들입니다. 무덤 만드는 스타일의 보수적 성향에 대해서는 여러 차례 말씀드렸습니다. 따라서 이러한 고분들은 일시적인 가야의 문화적 영향으로 만들어질 수 있는 것이 아닙니다. 더구나 이들 고분에서 출토되는 대가야 계통의 유물은 대가야와 긴밀한 관계를 맺고 있었던 다수의 가야 계통 소국의 존재를 증명해주는 것입니다.

섬진강 중·상류를 기문(己汶)으로 표기한 《일본서기》에 따르면, 가야 계통의 월산리 고분군이 존재하는 남원의 아영면 일대에는 기문국(己汶國)이라는 가야 소국이 있었던 것으로 여겨집니다. 시기에 따라서는 임실 일대가 상기문(上己汶), 남원 일대가 하기문(下己汶)으로 구분하기도 하였습니다.

대외교역로 확보 전쟁

지리산의 서쪽을 북에서 남으로 흐르는 섬진강은 전라도와 경상도 모두에서 남해로 나갈 수 있었던 중요한 교통로였습니다. 5세기 중반부터 경북 고령의 대가야가 섬진강 수계로 진출하려 했던 것도 중국이나 일본열도로 나가는 해상 교통로를 확보하기 위한 것이었고, 475년에 고구려에게 한성(漢城, 서울)을 함락당하고, 웅진(熊津, 공주)으로 내려온 백제 또한 가야 지역에 진출하고 왜 왕권과 교섭하기 위해서는 꼭 확보해야할 수로와 항구였습니다.

그래서 《일본서기》는 487년쯤부터 섬진강 수계에 대한 진출을 본격화하는 백제의 동향을 기록하였던 것입니다. 대가야와 백제는 이때부터 시작해 무려 50여 년 동안이나 섬진강 줄기를 둘러싼 치열한 다툼을 벌일 수밖에 없었습니다. 가야 사람들이 백제 장군을 살해하고 산성을 쌓아 백제와 왜의 통교를 차단했다든지, 백제가 군사를 파견해 가야국을 점령했다는 《일본서기》의 기록은 바로 남원의 기문국을 중심으로 하는 섬진강 유역 쟁탈전의 상황을 전하는 것입니다.

이러한 대가야와 백제의 갈등과 충돌은 진안의 황산리 고분군, 장수의 삼고리 고분군, 임실의 금성리 고분군, 남원의 월산리 · 두락리 · 건지리 · 초촌리 고분군 등에서 보이는 유물의 변화에서도 확인할 수 있습니다.

대가야의 대리전과 백제의 승리

월산리 · 두락리 · 건지리 · 초촌리 고분군 등이 있는 남원의 아영과 운봉 일대는 바로 경남 함양과 이웃하고 있는 곳입니다. 남원시보다는 함양군에서 더 가까워, 전라도보다 오히려 경상도의 느낌이 강한 지역입니다.

시대순으로는 5세기 중반의 월산리 고분군이 가장 오래되었고, 두락리 · 건지리 고분군을 거쳐, 6세기 전반의 초촌리 고분군이 가장 늦습니다. 문화적으로는 월산리 고분군이 가야 계통인 것과 달리, 초촌리 고분군은 완전히 백제 계통이고, 두락리 · 건지리 고분군은 양쪽의 요소를 다 지니고 있습니다. 그러니까 이 지역을 둘러싼 시대적 추이는 이렇습니다. 5세기 중반까지는 가야뿐이었지만, 5세기 후반부터 백제적인 특징이 점차 나타나기 시작해, 6세기 전반이 되면 완전히 백제 계통으로 변합니다. 물론 이러한 결과는 반세기에 걸친 섬진강 유역 쟁탈전이 백제의 승리로 끝났음을 의미하는 것입니다.

그러나 그 이전의 월산리 M1호분 A호 석곽에서 출토된 환두대도와 철제 목 보호 갑옷인 경갑(頸甲) 등은 가야 소국왕의 위상을 보

월산리 고분 M1호분 A호 석곽 발굴조사(위), 경갑(왼쪽), 환두대도(오른쪽) _원광대마한백제문화연구소

여주기에 충분하며, 수많은 대가야 계통의 토기들은 직접적으로 백제와 전쟁을 치르던 기문국의 배후에 대가야가 자리 잡고 있었음을 강하게 시사하고 있습니다. 환두대도의 칼자루는 금실과 은실로 아주 화려하게 상감 장식되었는데, 거북등 같은 육각형 안에 예쁜 꽃 모양이 아름답게 새겨진 일급품입니다.

28. 대가야의 멸망

마지막의 가야왕국

대가야의 멸망은 가야사의 종말이기도 합니다. 《삼국사기》와 《일본서기》는 한결같이 562년에 신라의 대가야 병합을 전하고 난 뒤, 더 이상 가야국에 관한 어떠한 사실도 기록하지 않고 있습니다. 532년에 김해 가락국의 신라 투항 이후부터 562년에 대가야의 멸망까지, 부산 · 경남 · 경북 · 전북 지역에 산재해있던 가야 여러 나라들은 신라 또는 백제의 회유와 침략 앞에 차례로 하나하나 격파되어 갔던 것으로 보입니다. 《일본서기》가 562년 1월의 대가야 멸망을 전하면서, 그때까지 멸망했던 10개 가야국의 이름들을 나열하여, 이전까지 진행되었던 가야 각국의 멸망을 종합하는 형식을 취하고 있기 때문입니다.

결국 대가야가 멸망하는 562년은 가야사 연표의 마지막이 될 수밖에 없었습니다. 720년에 일본에서 편찬된 《일본서기》와 1145년에 고려에서 편찬된 《삼국사기》가, 4백 년에 가까운 시간의 거리와 한국과 일본이라는 편찬 주체의 다름에도, 한결같이 신라의 대가야 병합을 562년으로 전하고 있으니까 같은 시기에 대가야가 멸망했다고 믿어도 좋을 것 같습니다.

562년, 믿어도 되나?

다만 같은 해라도 《삼국사기》는 9월로 전하는데 《일본서기》는

1월로 전하는 차이를 보이고 있어, 대가야의 멸망년도에 대해 서로 다른 견해가 있었음을 짐작할 수 있습니다. 그래서 다시 《삼국사기》와 《일본서기》를 들여다보면, 그럴 만한 기술이 눈에 들어옵니다. 《삼국사기》는 562년 9월에 가야가 반란을 일으켰기 때문에, 신라 진흥왕이 이사부(異斯夫)에게 명해 국성(國城)을 함락시켰다고 전하고, 《일본서기》는 본문에서 562년으로 기록하면서도, 주(註)에서는 2년 전인 560년 멸망설을 아울러 소개하고 있습니다.

《삼국사기》에서 562년에 반란을 일으켰다고 한 표현은 이미 그 전에 복속되어 있었음을 짐작케 하므로, 《일본서기》가 따로 전하는 560년의 멸망설도 가볍게 볼 수만은 없습니다. 그렇기 때문에 대가야의 멸망이 562년에 있었던 단 한 번의 전쟁으로 결정되었다기보다는 어느 정도의 기간에 몇 차례의 전쟁을 거쳐 신라에 병합되었던 것으로 생각하는 편이 옳을 것입니다.

국성의 함락

승자인 신라 측의 기록이라서 그렇기도 하겠지만, 앞에서 살펴본 것처럼 8년 전, 554년에 백제를 돕고자 무리하게 충북 옥천까지 원정해서 신라에게 대패했던 후유증 때문에 최후의 전쟁치고 대가야의 저항도 별 것이 없었다고 하며, 그 과정도 아주 간단하게 기록되었을 뿐입니다. 진흥왕의 명을 받은 이사부는 사다함(斯多含)을 선봉으로 삼았는데, 사다함이 5천의 기병으로 성문에 달려 들어가 백기(白旗)를 세우자 성 안 사람들이 두려워 떨게 되었는데, 이때 이사

주산에서 내려다본 대가야 궁성지(1916년 촬영), 궁성지 동남쪽 대벽 건물지_경북대박물관

대가야국성지비_고령군청

부가 전군을 이끌고 일시에 쳐들어가 항복을 받았다고 합니다.

다만 성문은 전단문(旃檀門) 또는 전단량(旃檀梁)으로 표현되었는데, 같은 내용을 전하는 〈사다함 열전〉에 따르면, '전단(旃檀)' 은 성문의 이름이고, '량(梁)' 은 문을 가리키는 가야의 말이라고 소개하고 있습니다. 가야의 언어가 존재했고, 신라의 언어와 차이가 있었음을 짐작할 수 있는 유일한 기록이면서, 가야의 말로 이름 붙여진 대가야 국성의 존재도 아울러 확인할 수 있는 자료입니다.

이러한 대가야의 국성은 지산동 고분군이 있는 주산에서 고령 읍내로 뻗어 내린 길다란 말단 구릉부로, 지금 고령향교가 있는 일대로 추정하고 있습니다. 고령읍 연조리 608번지의 '고령 연조리 전 궁성지'가 바로 그곳입니다. 원래 일제가 세웠던 '임나대가야국성지(任那大加耶國城址)'의 비석은 독립기념관으로 옮겨졌고, 지금은 '대가야국성지(大伽倻國城址)'라고 자연석에 새겨진 비가 서 있습니다. 2000년 경북대박물관의 시굴조사에서는 궁성지의 동남쪽 일곽에서 6세기 초의 부뚜막과 벽체 시설을 가진 대형 건물지가 확인되었는데, 바로 대가야의 최후를 맞이하던 궁성과 관련된 시설의 일부로 여겨지고 있습니다.

합천

(다라국)

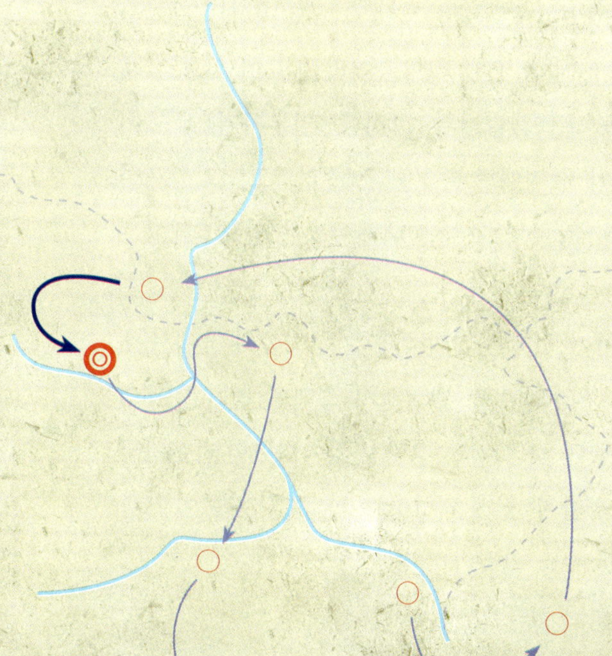

29. 제7의 가야, 다라국(多羅國)

일곱째 가야?

〈제7의 가야, 다라국〉을 아십니까? 조금 오래되긴 했습니다만, 'KBS 역사스페셜'에서 방영되었던 고대사 다큐멘터리의 제목이었습니다. 우선 '제7'이란 실제로는 12개 이상이나 존재했던 가야의 여러 나라를 《삼국유사》에서 '6가야'로만 서술했기 때문에, 《삼국유사》의 금관(金官), 아라(阿羅), 고녕(古寧) 또는 비화(非火), 성산(星山), 대(大), 소(小) 등의 6가야 이외에도 저명한 가야국이 있었음을 강조하여, 시청자의 눈을 끌기 위한 카피였습니다.

물론 이미 3세기 후반 이전의 상황을 전하는 《삼국지》에 12개국이 있고, 720년에 편찬되었던 《일본서기》에도 12개 이상의 가야국명이 기록되고 있으니까, 일곱 번째 가야국이라는 표현에 그리 새삼스러울 것이 없을지도 모르겠습니다. 그러나 《일본서기》에 보이는 많은 가야국들의 실체가 제대로 밝혀진 것도 없었고, 그 상세한 역사는 말할 것도 없이, 각국의 위치에 대해서조차 설왕설래하는 상황이었습니다.

바로 이때 《일본서기》가 전하는 가야국과 같은 이름의 땅에서 대규모의 가야 고분군이 발견되었고, 발굴조사 결과 엄청난 내용의 가야 유물이 쏟아져 나왔던 것입니다. 따라서 잃어버렸던 가야왕국의 하나를 분명하게 확정할 수 있게 되었다는 '발견의 기쁨'이 포함되었던 제목이었다고 할 수도 있겠습니다.

다라리(多羅里)의 다라국

이러한 고분군이 발견된 곳은 합천군 쌍책면의 다라리였고, 이렇게 찾게 된 나라가 다라국이었습니다. 《일본서기》에 따르면, 다라국은 6세기 전반에 함안 아라국에서 열렸던 국제회의에 외교사절을 파견하여, 가야 여러 나라와 함께 백제와 신라에 대한 외교활동을 전개하였고, 562년 무렵 신라에 통합되었던 북부 가야 왕국의 하나였습니다.

다만 이러한 기록에서 보이는 다라국의 위세 또한 만만치 않았던 것으로 보입니다. 왜냐하면 다라국에서 파견되었던 사절의 신분이 다른 가야국에 견주어 낮았기 때문입니다. 다른 가야국들은 높은 신분의 사절을 보냈는데, 다라국은 당시의 강대국 가라국(대가야) ·

옥전 고분군_합천박물관

아라국 등과 함께 낮은 신분의 인물을 보내 같은 외교 테이블에 앉게 했습니다. 곧 다라국은 낮은 신분의 인물을 보내, 높은 신분의 다른 가야국 사신들과 동등하게 정책을 논의할 수 있을 만큼 다른 위치에 있었던 것입니다.

다라국의 그러한 위상은 중국에도 전해졌습니다. 양나라 무제가 백제 사신의 내왕을 그린 〈양직공도〉에도 다라는 대가야[叛波]나 신라[斯羅]와 함께 백제 인근의 저명한 나라로 기록되어 있습니다. 이러한 다라국과 같은 지명이 합천의 다라리였고, 거기에서 엄청난 가야의 보물들이 발견되었던 것입니다. 물론 다라리라는 현재의 지명이 얼마까지 거슬러 올라갈 수 있을지는 잘 알 수 없습니다.

다만 신라 때에 합천이 대량(大良) 또는 대야(大耶)로 불렸던 것은 잘 알려진 사실이고, 대량은 '대라' 또는 '다라'로 발음되었을 것이며, 대야는 대라와 통하는 말로, 크다는 '대(大)'와 많다는 '다(多)'의 뜻까지 서로 가깝습니다. 더구나 고분군이 있는 성산리는 다라리의 이웃이고, 함안의 성산산성(城山山城)에서 잘 알 수 있듯이, 성산이란 지명은 고대의 왕도에서 유래된 경우가 적지 않습니다.

교통의 요지

다라국의 실체를 확인시켜 주었던 것이 옥전 고분군의 발견과 발굴조사였습니다만, 옥전(玉田), 그러니까 '구슬 밭'이라는 지금의 지명은 고분군에서 출토되었던 많은 옥구슬들로 다시 한 번 확인되었습니다. 옥전 고분군이 발견된 합천군 쌍책면의 옥전마을은 황강 하류가 굽이쳐 낙동강으로 나가는 물길의 요지에 자리하고 있습니다. 고분군 아래로 내려다보이는 황강은 율곡면과 쌍책면 사이를 북에서 남으로 흐르다가, 상포나루에서 동쪽으로 돌아 성산리와 다라리를 지나고, 적포에서 낙동강과 합쳐집니다. 옥전 고분군 코밑의 상포나루가 그렇고, 합류 지점의 적포는 상 · 중 · 하로 나누어질 만큼 낙동강 수로의 요처였습니다.

이러한 교통의 요지에 다라국이 자리 잡고 있었던 것은 필연이었고, 백제와 신라, 또는 창녕과 함안의 가야국과 활발한 교류를 가졌던 것도 우연이 아니었습니다. 이러한 다라국의 위상과 대외교류의 증거가 옥전 고분군에서 확인되고 있습니다.

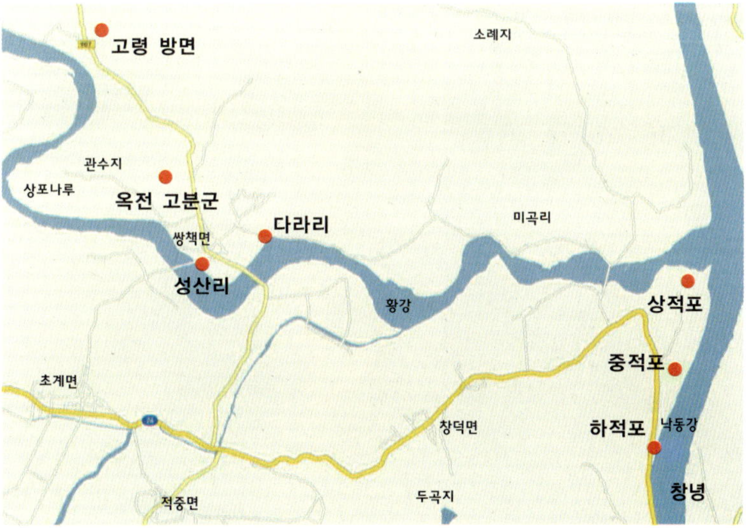

옥전 고분군 위치도

옥전 고분군의 발견

요즘 발굴조사는 고속도로나 철도 또는 댐이나 주택단지의 건설 같은 대규모 토목공사에 떠밀려 시행되는 긴급조사가 대부분입니다. 그러나 다라국의 존재를 웅변해주는 옥전 고분군은 보기 드물게도 학술적 발굴조사를 통해 발견되었습니다.

1984년 합천댐의 건설로 수몰될 황강 상류의 조사에서 많은 유적이 확인되자, 경상대박물관은 낮은 하류 지역에는 더 중요한 유적이 많을 것으로 판단하였습니다. 1985년 여름의 지표조사에서 왕릉급의 거대한 고분과 특이한 가야토기, 금동제 투구파편 등을 수습하게 되자, 서둘러 대학에서 예산을 확보하고 허가를 얻어 본격

옥전 M11호분 조사 모습_경상대박물관

적인 발굴에 착수하게 되었습니다.

이후 모두 5차례의 발굴조사와 1차례의 시굴조사가 시행되었고, 그 결과는 조사 개요 1권과 조사 보고서 10권이라는 엄청난 분량으로 공표되었습니다. 발굴조사와 보고서 간행의 모든 과정을 이끌었던 경상대박물관 관장 조영제 교수의 회고담에 따르면, 발굴 시작부터 보고서의 간행까지 무려 17년이란 세월이 걸렸답니다. 요즘 같은 세상에서 좀처럼 보기 힘든 끈기 있는 노력의 결실이라고 할 것입니다. 조영제 교수를 비롯한 참여 연구자들의 열정에 존경을 표하면서, 의지를 가지고 뒷받침했던 합천군의 노력에도 박수를 보내고 싶습니다.

쏟아진 다라국의 보물들

발굴조사된 119기의 고분에서는 무려 3천여 점의 유물들이 쏟아져 나왔습니다. 대형봉토분 9기, 목곽묘 80기, 석곽묘 37기, 석실묘 2기가 조사되었고, 그 안에서는 금·은·동 장식의 관과 허리띠·환두대도·화살통, 금귀걸이, 아라비아 계통의 로만글래스, 8벌의 철제의 판갑옷과 비늘갑옷, 15벌의 투구, 6벌의 말투구와 2벌의 말갑옷, 호화로운 말안장 장식들, 많은 가야토기들이 출토되었습니다.

고분군 아래 단아하게 자리하고 있는 합천박물관에 가면 이러한 유물의 내용과 의미를 쉽고 자세하게 알 수 있습니다. 합천박물관은 처음 설립동기가 그러했고, 거의 대부분이 옥전 고분군의 내용으로 가득한 일종의 고분 박물관이지만, 박물관 이름은 모든 시대

1 옥전 M6호분 출토 금동관 **2** M6호분 출토 은관 **3** M1호분 출토 허리띠 **4** M6호분 출토 귀걸이 **5** M3호분 출토 투구 **6** 23호분 출토 금동 투구 _합천박물관

의 합천군 역사를 보여줄 것처럼 지어졌습니다. 다라국의 옥전 고분군이라는 특징이 포함되지 못한 이름이라 조금 아쉽기는 합니다만, 유적의 현장에 만들어진 군 단위 지자체의 박물관이라는 점에서 소중합니다.

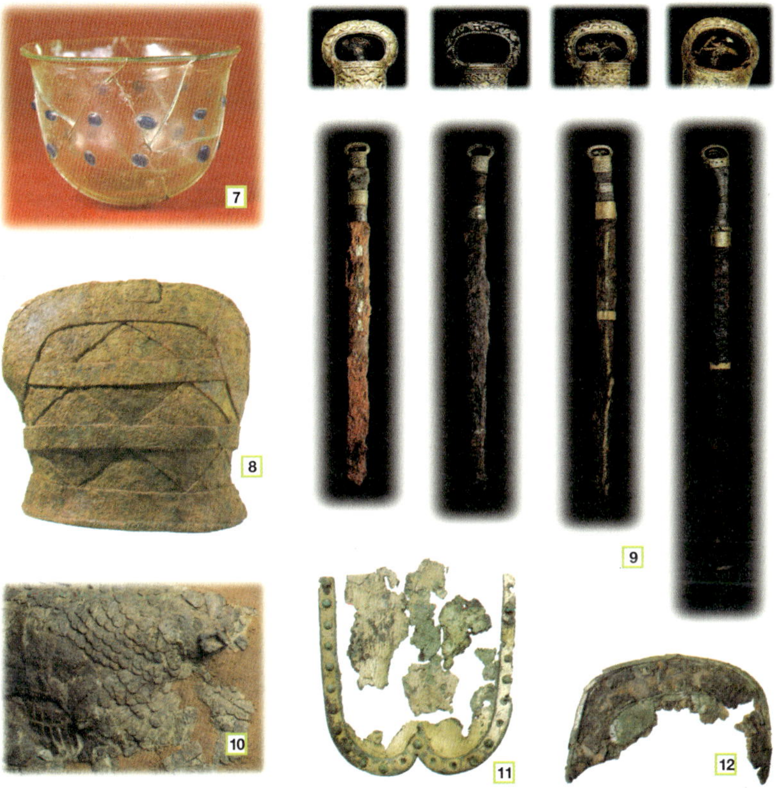

7 M1호분 출토 로만글래스 **8** 68호분 출토 판갑 _경상대박물관 **9** 환두대도 **10** M3호분 출토 비늘 갑옷 **11** 23호 출토 금동 화살통 **12** M3호분 출토 금동제 말안장 _합천박물관

옥전 고분군이 말하는 다라국의 역사

옥전 고분군의 규모나 유물의 변화는 다라국의 발전상을 그대로 보여줍니다. 옥전에서 처음 만들어진 고분은 4세기 전반 무렵 49 · 52 · 54호분과 같은 목곽묘입니다. 나무 방의 바깥을 돌로 채우

4C 전반 옥전 54호 목곽묘_경상대박물관

4C 말~5C 초 23호 목곽묘_경상대박물관

는 축조법은 신라와 통하면서도, 함안의 아라가야 양식 토기가 출토됩니다. 이것을 수장묘의 출현으로 보는 견해와 그렇지 않은 생각으로 나뉘고 있지만, 다라국사의 시작으로 보는 데에는 문제가 없습니다.

4세기 말~5세기 초가 되면 23호 목곽묘처럼 규모와 수량이 커지고, 갑옷과 투구, 말장식과 금제품 같은 새로운 문물들이 등장하

5C 중엽 M1호분_경상대박물관

5C 후반 M3호분 석곽_합천박물관

6C 중엽 M11호분_경상대박물관

는 것으로 보아, 발굴자는 다라국 최초의 왕릉으로 규정하고 있습니다. 다만 머리를 황강이 낙동강으로 빠져나가는 남동쪽에 두고 있어, 우리에게 익숙한 북향이나 풍수지리와는 차이가 있습니다. 남동쪽에는 창녕의 비사벌국과 신라가 있는데, 굽다리접시 가운데 창녕의 것이 많고, 신라의 것이 섞여 있는 것과 관련이 있을지도 모르겠습니다.

5세기 중엽의 M1호분에 이르면 이전까지 5～6미터에 지나지 않던 것이 20미터 전후로 대폭 확대되고 목곽에서 석곽, 곧 돌방으로 변합니다. 돌방의 가운데는 벽을 쌓아 주인공과 부장품의 공간을 구분하고 있는데, 부장품 가운데 너무나 화려하고 이국적인 아라비아 계통의 로만글래스가 들어있어 우리를 깜짝 놀라게 합니다. 서역의 물건이 신라를 거쳐 들어온 것으로 짐작되는데, 비약적으로 발전하던 다라국 왕릉으로 생각해도 좋을 것입니다.

다라국의 문화는 5세기 후반 무렵의 M3호분에서 절정을 이룹니다. 관 밑에 쇠도끼를 가득 깔고, 14자루나 되는 환두대도 가운데는 화려하게 금동과 은으로 만든 용과 봉황이 장식된 손잡이의 큰 칼도 여럿 있고, 금동제의 말안장과 금귀걸이도 나와, 최전성기 다라국왕의 위상을 유감없이 보여주고 있습니다.

6세기 중엽이 되면 M11호분처럼 공주(公州)의 백제 고분 같은 석실에서 금귀걸이, 금동장식의 신발, 연꽃모양 목관장식 등 백제 계통의 문물이 보입니다. 친백제적이었던 고령 대가야의 마지막과 같은 양상을 보여주고 있습니다.

창녕
(비사벌국)

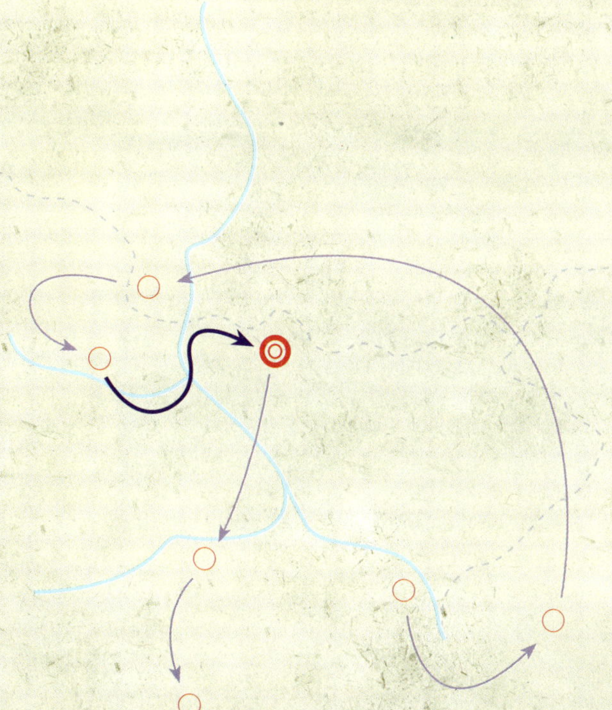

창녕으로 가십시다

합천 다라국 왕릉의 옥전 고분군을 답사하면서, 출토유물에서 보이는 창녕 지역의 영향에 대해 여러 번 말씀드렸습니다. 창녕과 합천은 낙동강을 사이에 두고 동과 서로 나뉘어 있지만, 아주 가까이 있는 이웃사촌입니다. 옥전 고분군 아래를 흐르는 황강을 따라 동쪽으로 내려가면 구슬고개 부근에서 낙동강과 만나는데, 이곳이 적포나루입니다. 다라국의 경계를 이루는 땅 이름이 옥전의 '구슬밭'과 통하는 '구슬고개'라는 점도 흥미롭습니다.

적포는 좁은 지역에 상적포, 중적포, 하적포의 셋으로 나뉜 지명이 남을 정도로 번성했던 낙동강 물길의 요충이었습니다. 낙동강을 거슬러 팔만대장경이 이곳을 지나고, 다시 황강을 거슬러 해인사에

중적포에서 바라본 황강·낙동강 합류 지점

안식처를 얻었다고도 합니다. 적포에서 24번 국도를 타고 낙동강을 따라 남으로 내려오면, 강을 가로지르는 적포교를 만나게 되고, 여기서 강을 건너면 창녕이 됩니다.

우리나라에는 많은 아름다운 길이 있지만, 이 길 왼쪽 아래로 파랗게 펼쳐지는 낙동강의 느린 곡선과 군데군데 펼쳐진 황금빛 모래밭은 언제 봐도 참 아름답습니다.

'빛뜰', 장마면의 고인돌

적포교로 낙동강을 건너 구불구불한 유어면의 산길을 넘으면 비사벌(比斯伐) 창녕에 도착합니다. 그러나 읍내에 들어가기 전에 먼저 들러야 할 곳이 있습니다. 유어면 남쪽, 장마면 장마초등학교 뒷산에 '창녕지석묘'로 이름 붙여진 고인돌입니다. 창녕에 고인돌이 이것 하나만 있는 것은 아닙니다만, 가장 먼저 알려지기도 했고 위

창녕지석묘

치나 규모 등에서 창녕을 대표할 만한 고인돌이기 때문에 붙여진 이름이었습니다.

고인돌의 대부분은 김해 왕릉공원이나 구지봉과 같이 평지나 얕은 구릉에 자리하는 것이 보통이지만, 이 고인돌은 제법 높은 언덕의 꼭대기에 세워져 있습니다. 몇 개의 받침돌 위에 옆으로 긴 사각형의 거대한 뚜껑돌을 얹은 바둑판 모양의 고인돌입니다. 고인돌의 규모도 큰데, 높은 산꼭대기에 있어 언덕 아래에서 올려다보는 이를 압도하고 있습니다.

고인돌이 청동기시대 지도자의 무덤임은 잘 알려진 사실입니다. 이렇게 거대한 돌을 채석하고 운반해 여기까지 올리는 데 동원되었던 노동력이 만만치 않았을 것입니다. 둘러보면 이러한 바위를 캘 만한 산지는 사방 모두 5킬로미터 이상은 떨어져 보입니다. 많은 노동력의 동원이 가능했던 권력이 존재했다는 증거가 됩니다. 물론 그렇다고 해서 아직 국가나 왕권의 단계는 아니고, 창녕에서 가야국이 형성된 단계도 아닙니다. 우리가 가야의 역사 여행을 시작하면서 김해에서 살펴보았던 것처럼, 가락국 수로왕의 등장을 기다렸던 아홉 촌장사회, 구간사회와 같은 청동기사회 지도자들의 무덤이었습니다.

그러니까 창녕 지역에서도 청동기문화 위에 철기문화가 등장하면서 비로소 가야국이 탄생했던 것으로 추정할 수 있을 것이고, 《삼국사기》와 《삼국유사》가 전하는 비지국(比只國)·비사벌국·비화가야(非火伽耶) 등이 그 나라의 이름이었을 것입니다.

비사벌은 '빛이 좋은 들'

가야 이전의 창녕 사회를 보여주는 이 고인돌의 모조품을 읍내의 교동 고분군에 있는 창녕박물관에서 볼 수 있지만, 창녕 가야국의 이름을 이해하기 위해서는 발품을 팔아 이 고인돌이 있는 언덕에 오를 필요가 있다고 생각합니다. 더구나 5월쯤 맑고 따스한 날에 오른다면 더욱더 제격일 것입니다. 여기에 서면 360도를 돌아보아도 아름다운 빛이 퍼지는 온화하고 평평한 뜰만 보일 뿐입니다. 동그랗게 펼쳐진 분지의 중심에 장마면의 고인돌이 서 있는 셈입니다.

현지 사람들이 화를 낼지도 모르겠지만, 날마다 비만 올 것 같은 장마면이고 장마초등학교입니다만, 여기에서 사방으로 펼쳐져 있는 아름다운 '빛 뜰'은 창녕 가야국의 이름을 연상하기에 안성맞춤인 곳입니다. 기록이 전하는 비지 · 비사벌 · 비화는 다 '빛' 또는 '빛 뜰'과 통하는 말입니다. '비지'는 '빛'이고, '비사벌'은 '빗벌'이며, '비화'는 '빗불'입니다. 서로 다른 말 같지만 모두 빛의 뜰, 창녕의 가야국을 가리키는 이름입니다. '불'의 뜻을 빌려 쓴 '불 화(火)'의 비화가야보다는 '빗벌'의 음을 빌린 비사벌국이 가야시대에 불렸던 나라 이름에 가까울 것으로 생각합니다.

전기 가야의 불사국(不斯國)

창녕에서도 고인돌의 청동기시대를 지나, 기원전후가 되면 철기가 사용되면서 가야시대의 막이 열립니다. 그러나 그 사정을 알 수 있는 자료는 전무에 가깝습니다. 창녕 지역의 고고학 발굴조사가 적었던 것도 아니지만, 일제시대부터 지금까지 교동·계성·영산에 모여 있는 늦은 시기의 대형 고분만 조사되었던 탓입니다. 앞으로 조사에서 초기 철기시대의 유적은 반드시 확인될 것이고, 그러한 유적들은 창녕에서 처음 나라가 형성되던 모습을 보여주게 될 것입니다.

가야 성립기의 고고학적 자료가 거의 없는 가운데, 운 좋게도 처음 등장했던 나라의 이름만은 전해지고 있습니다. 《삼국지》〈동이전〉 변진조에 보이는 불사국입니다. 정말 불사조(?)처럼 남은 이름입니다. 불사국이 속해있는 변진은 변한입니다. 변한은 김해의 구야국과 함안의 아야국이 함께 속해 있었던 삼한 가운데 하나입니다. 구야국이 가야국(가락국)이고, 아야국이 아야가야로 전해짐은 이미 말씀드렸습니다. 따라서 이들과 함께 변한에 속해 있던 창녕의 불사국 또한 가야의 나라였습니다.

다만 《삼국지》는 변한 12국과 진한 12국의 24국을 한꺼번에 기술하면서, 변한의 나라 이름 앞에는 '변진'을 붙여 구별하고 있습니다. 그러나 이상하게도 불사국에는 '변진'이 붙어 있지 않습니다. 진한의 나라, 경주의 사로국(斯盧國)과 울진의 우유국(優由國)처럼 '변진'이 붙어 있지 않은 것입니다. 낙동강 동쪽에 자리 잡고 있었기 때문이라든지, 종족이 달랐을지도 모르겠다는 해석도 있으나, 읍내의 교동 고분군과 송현동 고분군에서 보이는 것처럼, 이 불사국이 가야국으로 성장했다고 보는 데는 이견이 없습니다.

더구나 불사(不斯)는 비사벌국의 비사(比斯)와 같습니다. 앞에서 살펴본 것처럼 비사도 빛이고, 불사의 불도 빛입니다. 게다가 '아닐 불(不)'은 '아닐 비(非)'와 통합니다. 또한 불사국은 밀양으로 생각되는 변진미리미동국(弁辰彌離彌凍國)에 붙여서 기록되고 있습니다. 지금도 창녕과 밀양은 이웃사촌으로, 일제시대에는 창녕 교동 고분군의 유물을 반출하기 위해 밀양에서부터 임시철도가 놓이기도 했고, 일찍부터 닦인 국도로 이어지고 있습니다. 우연히 현재도 같은 선거구로 편성되어 다른 시·군이 한 사람의 국회의원을 뽑아야 하는 과정에서 여러 가지 화제가 되기도 합니다. 모두 낙동강 동쪽에 있으면서도 함께 경상남도에 속해 있는 가야의 나라들이었습니다.

'메이드 인 창녕'

창녕의 가야 사람들은 개성이 아주 강했던 모양입니다. 창녕만의 토기가 있습니다. 국립김해박물관이나 창녕박물관에 가시면 창녕형 꼭지를 가진 굽다리접시들을 따로 모아놓았습니다. 굽다리접시의 다리를 아주 작게 축소하여 토기 뚜껑에 거꾸로 세워 붙였다 하여 대각도치형(臺脚倒置形)이라 불리는 유별난 꼭지를 가진 굽다리접시입니다. 때문에 이 토기에는 '메이드 인 창녕'의 도장이 찍혀 있는 거나 마찬가지입니다.

앞서 말했듯이 '메이드 인 창녕'의 토기들은 창녕 지역 밖에서도 출토됩니다. 서쪽으로 낙동강을 건너 합천의 옥전 고분군, 남쪽으로 낙동강을 건너 함안 칠원의 오곡리 고분군, 밀양 삼랑진에서 낙동강을 건너 김해 북쪽의 안양리 고분군, 김해 남쪽의 가달 고분군,

1 교동 고분군 출토 창녕형 유개고배_국립김해박물관 **2** 송현동 7호분 주형목관_국립가야문화재연구소 **3** 송현동 고분군에서 본 교동 고분군 **4** 송현동 고분군 발굴조사 모습

부산 복천동 고분군 등에서도 창녕형 꼭지의 토기들이 출토되고 있습니다. 개성만 강했던 것이 아니라, 주변 지역과 교류도 활발했고, 교류를 추진할 만한 힘도 가지고 있었습니다. 교동·송현동·계성면·영산면 등에 떼를 이루고 있는 높고 커다란 봉분의 고분들이 그것을 증명해 주고 있습니다. 창녕만의 토기와 대규모 고분군은 독자적이면서 강력한 비사벌국을 보여 주고 있습니다.

발굴조사를 거쳐 2004년 10월에 공개된 송현동 7호분은 비사벌국의 실력과 활발한 대외교류를 다시 한 번 보여주었습니다. 5세기 말~6세기 초에 만들어진 무덤의 주인공은 배 모양의 목관을 타고(?) 누워 있었습니다. 해외교류를 상징하는 것 같은 배 모양의 목관은 녹나무로 만들어진 것입니다. 그런데 이 아열대산 녹나무는 우리나라에서는 나지 않습니다. 일본에서는 '구스노키(樟)'라 불리는데, 벌레가 먹지 않는다고 해서, 불상 조각이나 장롱의 제작에 곧잘 사용되는 귀중한 목재입니다.

일본산 금송(金松)으로 만들어진 백제 무령왕의 목관에서 백제와 왜국의 왕실 사이 교류가 복원되었듯이, 일본산 녹나무로 만들어진 목관은 창녕 가야국왕의 장례에 보내졌던 왜국왕의 선물이거나 왜가 수입해 간 가야의 철에 대한 답례품으로 보려는 해석도 있습니다.

허리띠 받고 매인 몸?

국립김해박물관 전시실의 마지막 코너에 가면, 창녕 비사벌국의 마지막을 만날 수 있습니다. 창녕에서 출토되었던 은제 허리띠와

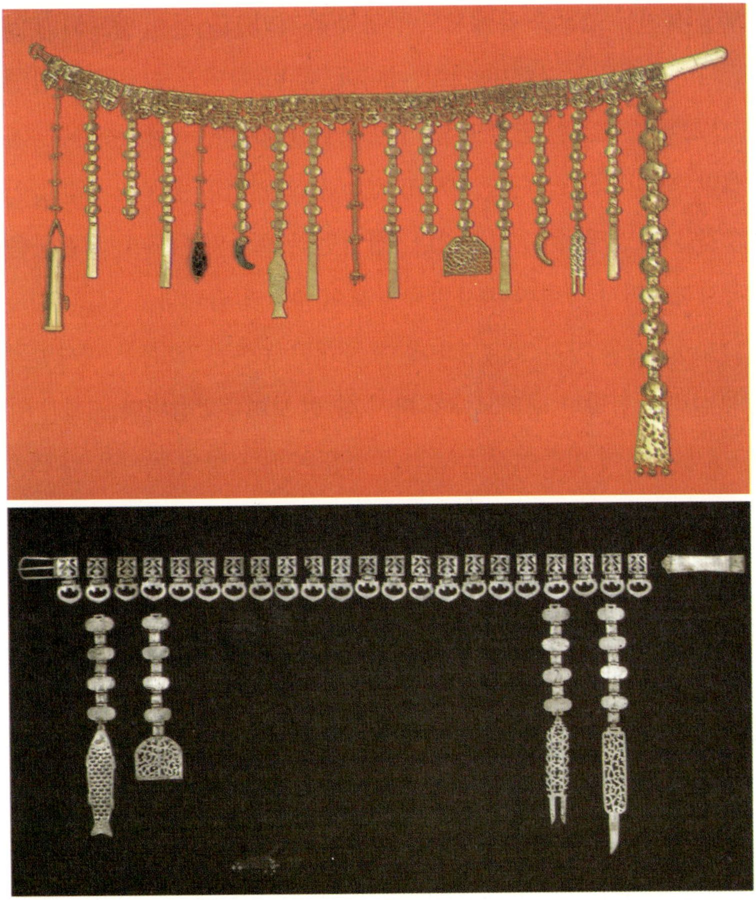

금관총 출토 금제 허리띠(위)_국립경주박물관, 교동 12호분 출토 은제 허리띠(아래)_국립김해박물관

관(冠) 장식이 그것입니다. 특히 물고기와 손칼 등이 달려있는 허리띠는 어디서 많이 본 듯한 물건입니다. 그렇습니다. 신라 경주에 가면 물고기와 손칼은 물론, 곡옥에 향통과 숫돌 다는 장식까지 주렁주렁 달려있는 허리띠가 많습니다.

따라서 창녕의 허리띠 또한 신라제로 생각됩니다. 다만 경주는 금으로, 창녕은 은으로 만들어진 차이가 있습니다. 금제 허리띠를 찬 경주의 신라왕이 창녕의 가야왕에게 등급이 낮은 은제 허리띠를 주었다는 뜻입니다. 같은 허리띠라도 만드는 소재에 따라 급수가 있습니다. 금 → 금동 → 은의 순서입니다. 결국 신라왕에게 은제 허리띠를 하사받은 가야왕은 이미 왕이 아니었습니다. 비사벌국의 가야왕이 신라의 지방장관으로 전락한 셈입니다.

지방장관으로 전락한 가야왕

물론 이러한 가야왕의 몰락이 하루아침에 이루어진 것은 아니었습니다. 지방장관의 표지(標識)인 은제 허리띠는 6세기 교동 12호분에서 출토된 것이었습니다.

12호분 위에는 11호분이, 11호분 위에는 7호분이 있어, 비사벌국의 가야왕이 대를 이어가며 묻혔던 것을 알 수 있습니다. 창녕박물관에 가면 동북쪽 목마산성 아래의 능선을 따라 수많은 봉분들이 줄지어 있는 것을 볼 수 있습니다. 잔디로 정비된 봉분들과 언덕배기의 출렁거림이 참 아름답다고 생각됩니다. 빛 좋은 봄날, 아무렇게나 앉아 도시락이라도 펴면, 빛벌 곧 비사벌의 가야왕국을 실감할 수 있을 것이라고 생각됩니다. 이러한 대열 속에 7호분 → 11호분 → 12호분도 있는 것입니다. 7호분은 할아버지, 11호분은 아버지, 12호분은 아들과 같은 관계와 시기 차이로 생각하면 좋습니다.

그런데 이 왕릉들이 보여주는 문화적 색채에는 상당한 차이가 있습니다. 신라 은제 허리띠가 나온 12호분이 경주와 같은 적석목곽분(積石木槨墳, 돌무지덧널무덤)으로 무덤의 모양과 유물이 모두 신라색뿐이라면, 7호분은 가야 스타일의 장방형 석실분으로, 신라의 금동관도 있지만 가야의 유물도 적지 않습니다. 이들 중간에 있는 11호분은 가야 스타일의 무덤에 신라 유물이 들어 있다고 할 수 있을 것입니다.

이러한 7호분 → 11호분 → 12호분의 관계와 변화는 비사벌국에 대한 신라의 진출과정을 보여줍니다. 12호분은 6세기, 11호분은 5세기 중엽, 7호분은 5세기 전반으로 생각됩니다. 그렇기 때문에, 금동관이 나타나는 5세기 전반에 완만한 진출을 시작한 신라가, 5세기 중반에 본격화하기 시작하여, 6세기 초에는 비사벌국을 완전히 병합하게 된 것으로 보입니다.

결국 앞에서도 잠깐 얘기했지만, 비사벌국 진출 초기에 2등급의 금동관으로 7호분의 주인공을 회유하던 신라가, 병합 후에는 신라의 지방장관으로 전락한 12호분의 주인공에게 3등급인 은제 허리띠를 내려 주었던 것입니다.

고구려를 등에 업은 신라

비사벌국에 대한 진출이 신라 혼자만의 힘으로 이루어진 것은 아니었습니다. 신라의 진출이 본격화하는 교동 11호분에서 출토된 환두대도가 그 물적 증거입니다. 일제는 교동 고분군에서 열차 2량에

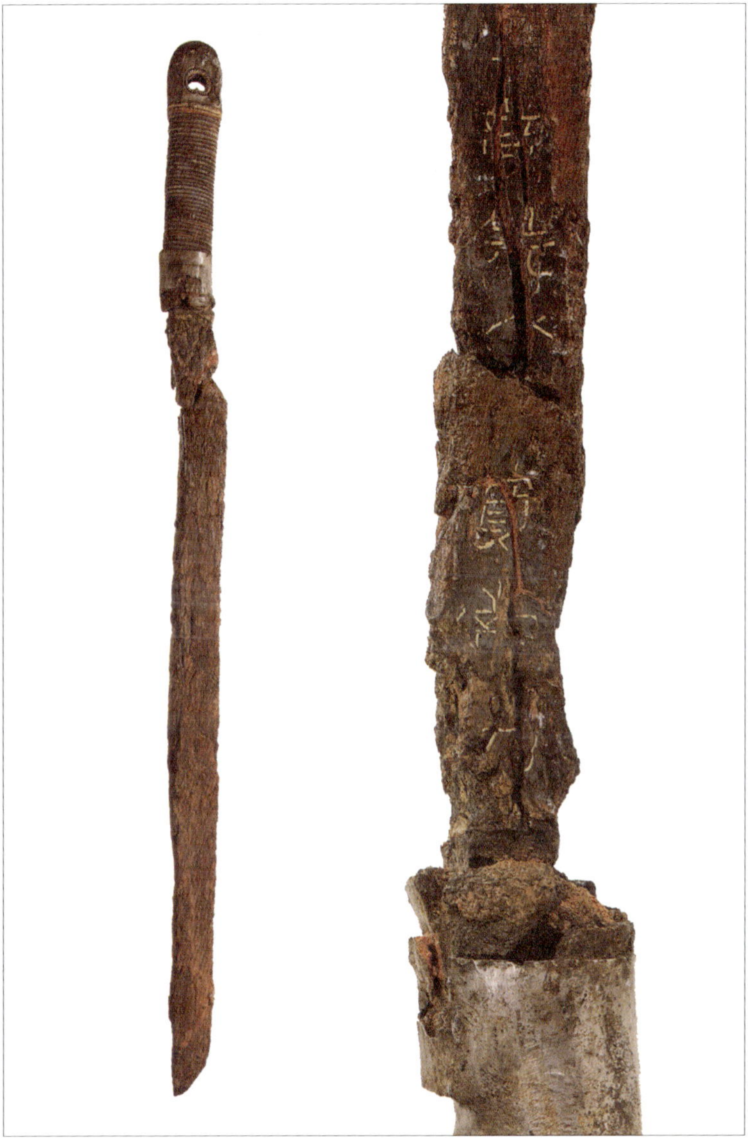

교동 11호분 출토 환두대도, 칼등 상감명문 세부_국립김해박물관

우마차 20대분이란 엄청난 양의 유물을 파내었고, 그것들을 운반하고자 밀양까지 임시로 철도를 놓으려 했습니다. 다행히도 대부분의 유물들은 국립중앙박물관에 남았고 1983년, 국립진주박물관 개관을 위한 X선 조사에서 금실을 박아 새긴 명문도 발견되었습니다.

초기의 X선 사진 판독에서는 문장의 위아래를 뒤집어 읽는 촌극도 있었지만, 치과의 스케일링 같은 방법으로 녹을 제거하여, 칼등에서 아주 명확하게 금색으로 빛나는 글자 몇 개를 읽을 수 있게 되었습니다. 칼끝에서 칼자루 쪽으로 내려 쓰인 문장에서 읽힌 글자는 하부(下部) 또는 상부(上部), 선인(先人), 그리고 맨 끝의 '칼 도(刀)' 자 정도입니다. 그러나 한두 마디의 글자가 가야의 역사 복원에 미친 영향은 엄청났습니다.

하부나 상부는 고구려와 백제에 공통되는 5부 이름의 하나지만, 선인은 고구려에만 있는 11번째 관등의 이름입니다. 그렇습니다. 창녕 가야국왕의 무덤에 고구려의 칼이 들어가 있던 것입니다. 고구려가 직접 주었다고 볼 수도 있겠지만, 같은 시기의 문자기록과 함께 나온 신라 계통의 유물에 비추어 볼 때, 신라를 거쳐 들어왔을 것으로 생각하는 것이 합리적입니다. 신라왕이 칼자루가 금은으로 장식되어 있고, 칼 등에 금으로 글자를 새긴 고구려의 큰 칼을 창녕 가야왕에게 전해 주었다는 사실은 신라가 고구려를 등에 업고 창녕 지역에 진출했던 역사를 말해줍니다.

5세기 초에 광개토대왕의 군사지원을 받았던 신라가 고구려의 영향에서 완전히 벗어나는 것은 5세기 중엽이 조금 지난 때입니다.

약 반세기 동안에 신라는 고구려에 예속되어 있는 상태였습니다. 따라서 5세기 중엽에 신라가 비사벌국에 본격적으로 진출할 수 있었던 것은 고구려 같은 든든한 후원자를 업고 있었기 때문입니다.

이 칼은 지금 국립김해박물관에 있습니다. 눈을 가늘게 뜨고 금빛 나는 글자를 따라 비사벌의 가야사를 읽어보지 않으시렵니까?

31. 창녕비는 가야공략의 신호탄

가야냐 신라냐

요즈음 창녕 사람들 사이에는 창녕이 가야냐, 신라냐 하는 논쟁이 있는 모양이고, 오히려 처음부터 신라였기를 원하는 사람들도 적지 않은 모양입니다. 2003년에 발간된 《창녕군지》에도 가야에 대한 언급은 거의 없이 처음부터 신라입니다. 그래서 그런지, 가야편(?)인 제가 창녕 사람들을 만나 당연하다는 듯이 가야를 멸망시켰던 신라에 대한 원한(?)을 얘기하면, 오히려 반응이 신통치 않은 경우도 적지 않습니다. 물론 이러한 믿음의 바닥에는 '강한 자의 승리한 역사'에 편승하려는 마음이 있을지도 모르겠습니다만, 그것만은 아닌 것 같습니다.

《삼국사기》는 파사왕 29년, 그러니까 서기 108년에 창녕 비지국이 신라에 병합되었다고 하고, 561년에 세워진 신라의 '진흥왕순수비'는 지금까지 창녕에 있습니다. 곧 108년에 신라에 병합되었다하고, 561년에는 신라의 영역이었음이 분명하니까, 가야가 들어갈 자리가 없었던 것입니다.

그러나 《삼국사기》에는 이른 시기의 내용과 연대를 적어 놓은 것 가운데 믿을 수 없는 기술이 적지 않고, 무엇보다 신라 문화가 들어오기 이전에 가야 계통의, 그것도 창녕 지역만의 '메이드 인 창녕'이 있었던 것은 고분군 등에서 출토되는 유물들에서 너무나 분명하게 확인되고 있습니다. 앞에서 살펴보았던 것처럼 창녕은 빛벌(뜰), 곧 비사벌의 가야국이었고, 5세기 중반부터 고구려를 등에 업고 본격화되던 신라의 군사적 진출 때문에 신라화하기 시작했다고 보는 게 옳습니다. 《삼국사기》에서 신라가 비지국, 빗국, 빛 나라를 멸했다는 기술은 오히려 처음부터 신라는 아니었다는 반대의 증거가 되는 셈입니다.

진흥왕순수(?)비

창녕이 처음부터 신라 땅이었다는 생각에 결정적인 영향을 주었던 것 가운데 하나가 '진흥왕순수비' 였을 것입니다. 1914년, 화왕산 기슭에 소풍갔던 창녕초등학교의 학생이 발견한 이 비는 도쿄 제국대학의 도리이 류조(鳥居龍藏)가 신라비임을 확인하였고, 1924년 창녕 읍내의 지금 자리로 옮겨지면서, 창녕의 신라 역사를 웅변해 주게 되었습니다. 높이 162센티미터, 너비 174센티미터, 두께 30~51센티미터의 자연석 화강암 한 면을 평평하게 고르고, 왼쪽 경사에는 계단모양이지만 사각형의 테두리선을 두르고, 그 안에

진흥왕 창녕비

글자를 새겼습니다. 이수(螭首)라는 머리와 귀부(龜趺)라는 받침도 없이 비석의 몸만 있는 모양입니다. 아직 이런 것이 갖추어지지 않았던 아주 오래된 시기의 비석이기 때문입니다.

오른쪽 첫 줄, 맨 위의 첫머리부터 "신사년(辛巳年) 2월 1일에 세운다"는 구절로 시작됩니다. 신라 진흥왕 22년, 그러니까 서기 561년에 이 비가 세워졌음을 분명하게 알려주고 있습니다. 보통 순수비라 부릅니다만, 진흥왕이 황초령, 마운령, 북한산에 세웠던 비들과는 다르게, '순수관경(巡狩管境)'이라는 제목이 보이지 않습니다. '순수관경'이란 사냥을 하면서 자신의 국경을 살핀다는 뜻으로, 고대 국왕의 중요한 통치행위의 하나입니다.

그러나 진흥왕이 561년에 새삼스럽게 창녕에서 국경을 확인할 필요는 없었을 것입니다. 한성의 북한산, 함경도의 황초령과 마운령은 이제 막 확보한 지역이었기 때문에 순수(巡狩)하면서 국경을 살필[管境] 필요가 있었지만, 창녕에서는 그럴 필요가 없었습니다. 이미 6년 전인 555년에 행정구역으로서 하주(下州)가 설치되었기 때문입니다. 행정구역으로 편성되어 행정관이 파견되어있는 지역을 신개척의 국경지역과 같이 돌아보는 순수는 너무나 어울리지 않습니다. 이때 진흥왕이 창녕에 비를 세웠던 것은 영토의 확인을 넘어서는 더 미래지향적이고 적극적인 의미가 있었습니다.

가야공략을 위한 군사 퍼레이드

여기에서 우리는 가야공략의 마지막 사업으로 북쪽 고령의 대가야, 남쪽 함안의 아라국 공략을 위한 대규모적인 신라의 군사 퍼레이드가 읽힙니다. 창녕비 비문은 승려의 이름에서 시작하여, 경주에서부터 진흥왕을 따라온 중신들의 이름과 함께, 사방군주(四方軍主)의 이름이 보이고 있기 때문입니다. 한강 유역의 한성 군주를 비롯해, 창녕의 비사벌 군주, 안변의 비리성 군주, 상주의 감문 군주처럼 당시 신라 사방의 전선을 책임지는 총사령관들이 창녕에 소집되었습니다. 이러한 신라군 총사령관들의 집합은 대규모의 군사 퍼레이드를 의미하는 것입니다.

마침 같은 해인 561년에 함안 아라국이, 몇 달 뒤인 562년에 고령 대가야가 신라에 병합되는 것을 보면, 이 군사 퍼레이드의 창끝이 마지막 가야공략의 총공세에 맞추어져 있었음을 충분히 짐작케 합니다. 더욱이 이 시기의 한성 군주는 한강 유역 총사령관으로서 고구려와 백제를 상대로 치열한 각축전을 치르고 있는 중이었습니다. 그런 지휘관을 남부의 창녕까지 불러 내렸을 때는 그만큼 중요한 군사적 목적이 있었다고 보는 것이 당연할 것입니다. 창녕을 베이스캠프로 하여 남의 함안 아라국과 북의 고령 대가야로 가야 총공격에 나서는 신라군의 모습이 여러분도 그려집니까?

참, 경주에서부터 따라왔던 신라의 중신들 가운데는 이미 30년 전인 532년에 투항했던 김해 금관국왕의 아들이며, 김유신의 할아버지인 김무력(金武力)의 이름인 무력치[武力智]도 보입니다. 10년 전인 551년에 세워진 '단양적성비'에서 6등관으로 기록되었던 그가 여기에서는 3등관 잡간(迊干)으로 나옴은, 10년 동안 3등급이나 승진했던 출세를 짐작하게 합니다.

아마도 554년에 한강 유역의 신주(新州) 군주로서 충북 옥천의 관산성 전투에서 대승하고, 백제의 성왕을 목을 베었던 최대의 군공으로 보상 받은 출세였을 것으로 생각됩니다. 그러나 피정복국 사람이었던 가야계의 김무력이 신라 조정에서 승진하고, 가야 총공격의 무대에서 조언하고 활약을 했을 모습을 상상하는 것은 조금 씁쓸합니다. 언제나 가야 편만 들기 때문에 생기는 저만의 감상일까요?

함안

(아라국)

32. 남부가야의 대국, 아라국

현존하는 가야왕국

2천 년~1천5백 년 전의 가야라는 이름이 지금까지 남아있는 곳이 있습니다. 합천 해인사의 가야산이 유명하고, 메트로폴리스인 부산에도 가야동이 있습니다만, 우선 들어서서 '아! 정말 가야구나' 하고 느낄 수 있는 곳은 경상남도 함안의 가야읍이 유일할 것입니다. 남해고속도로를 함안 나들목(IC)에서 내려, 함안 읍내로 들어가다 보면, 오른쪽 군청 건물 뒤쪽으로 거대한 고분들이 남쪽을 향해 파도치고 있는 기나긴 대열이 보입니다. 5백 년 이상 가야의 역사와 문화를 이끌어 왔던 아라국 왕릉의 언덕입니다. 아라국의 왕릉묘역이란 점에서는 같은 성격의 고분들이지만, 현재의 행정구역에 따라 고속도로에 가까운 쪽이 말산리 고분군, 그 남쪽이 도항리

북에서 남으로 본 함안 말산리 · 도항리 고분군_함안군청

고분군으로 나뉘어 불리고 있습니다.

군청으로 들어가서 청사를 바라보고 왼쪽에 있는 가파른 콘크리트 계단을 오르거나, 군청 앞 사거리를 조금 지나 보이는 고동색 안내판을 따라 오른쪽으로 꺾어 올라가면 고분공원에 이르게 됩니다. 북에서 남으로 뻗어 내린 주능선과 그 몇 군데에서 서쪽으로 갈려 내려간 지맥의 높은 곳에는 예외 없이 대형 고분들이 웅장한 대열을 이루고 있습니다. 지름 10미터 이상의 봉분이 확인되는 대형 고분들만도 50여 기에 가깝고, 고분의 존재가 확인되는 것을 모두 합하면 백여 기 이상의 고분으로 이루어진 어마어마한 유적입니다.

'끝산'이라구요?

그런데도 이곳의 지명과 고분군의 이름이 '끝 말(末)' 자의 말산(末山)이라는 것은 말이 되질 않습니다. 그러나 찾아보면 이곳의 이름이 원래부터 말산은 아니었다는 것을 알 수 있습니다. 일제시대까지만 해도 말이산(末伊山)으로 불리고 있었습니다. 말이산이 줄어 말산이 된 것이지요. 말이산이란 '마리산'에 대한 한자음의 표기이고, 이곳에 아라국 역대의 '우두머리'들이 잠들어 있음을 생각한다면, 마리산은 '머리산'에서 비롯되었던 것으로 보는 것이 타당합니다. 아라국 역대 왕릉의 이름이 설마 '끝산[末山]'이라니요?

'우두머리 산'을 '끄트머리 산'으로 전락시킨 것은 우리의 잘못입니다. 오히려 이러한 이름은 아라국의 건국사정을 반영하는 땅이름으로 보아야 합니다.

우리가 이 여행을 시작한 지 얼마 되지 않았을 때, 김해 구지봉에서 가락의 아홉 촌장들이 모여 '머리를 내어라' 라고 기원했고, 그 결과로 나타난 '우두머리' 가 '머리 수(首)' 에 '나타날 로(露)' 의 수로왕이었던 것을 기억할 것입니다. 함안 아라국의 '머리산' 도 마찬가지로 생각해야 합니다. 아라국의 건국신화는 남아있지 않지만 되찾게 되는 '머리산' 이름 하나가, 여기가 바로 아라국 건국의 무대였음을 알게 해주는 실마리가 되는 것입니다.

아라국의 왕궁터

사실 고분군의 북쪽 끝에는 아라국을 다스리던 역대 왕들과 왕궁에 관련된 지명들이 적지 않게 남아있습니다. 가장 큰 4호분에서 서북쪽을 바라보면 세 개의 봉우리가 보이는데, 삼봉산이라 부릅니다. 삼봉산 아래쪽에 가야읍 가야리 가야동이 있습니다. 삼봉산과 가야동 사이가 '선왕동' 이고, 가야동 앞에는 서에서 동으로 흘러 함안천에 합류하는 '대문천' 이 있고, 그 사이에 '진터' 가 있으며, 남서쪽으로 '남문', '남문 내', '남문 외' 라는 지명이 있습니다. 가야동의 서북쪽에는 '궁 뒤' 라는 이름도 남아있고, 가야동 동쪽 끝에는 새마을[新邑] 또는 신하들의 마을[臣邑]이란 뜻의 '신읍' 도 있습니다. 무엇보다도 가야읍 가야리 가야동이라는 너무나 철저한 '가야' 의 지명과 말산리 · 도항리의 '머리산 고분군' 은 이곳 함안이 가야왕국의 옛터임을 실감나게 말해줍니다.

그동안 김해나 고령에 치여 그다지 주목받지 못한 억울함도 있을 것입니다. 전기 가야의 김해와 후기 가야의 고령과는 다르게, 가야의 온 시기에 걸쳐 지속적인 번영을 구가했던 곳은 이곳의 아라국뿐이었습니다. 어느 가야국에 견주어도 문자기록이나 고고자료가 적지 않습니다. 이제부터 이러한 아라국의 가야의 역사를 더듬어 보고자 합니다.

33. 아라국의 가야사

가야연맹설의 허구

오늘날 가야의 역사 연구는 독립된 주제로 인정받을 만큼 성장했지만, 그래도 가야사라면 으레 '가야연맹' 이란 말을 먼저 떠올리는 분이 적지 않을 것입니다. 그다지 연구된 적도 없었으면서, 이제껏 중등학교 국사 교과서에 그렇게 씌어 왔기 때문입니다. 중학교 국사 교과서에서 겨우 3쪽뿐인 가야사 서술은 제목부터 '가야연맹왕국' 으로 되어 있었고, 고등학교 국사 교과서는 겨우 1쪽뿐인 서술에서 전기의 김해와 후기의 고령이 각각 '가야연맹의 맹주' 였던 것처럼 가르치고 있습니다.

그러나 그리스의 아테네와 스파르타가 힘을 합해 페르시아의 침입을 막아낸 것 같은 일도 없었고, 아테네의 델로스 동맹이나 스파르타의 펠로폰네소스 동맹처럼 연맹(league)을 맺었다는 사실은 말할 것 없고, 가야에 관련된 한국·중국·일본의 어느 기록에도 '연맹(聯盟·連盟)' 비슷한 말은 보이지 않습니다. 그런데도 후대에 김해와 고령 사람들이 스스로 높이려고 만들어낸 자기중심의 정치적 주장대로, '가야연맹'이란 현대의 가설이 만들어졌고 한 번 만들어진 가설은 검증도 없이 사실로 둔갑하여 우리 아이들에게 가르쳐지고 있습니다.

가야연맹설의 피해자

가야 여러 나라가 힘을 합해 외적과 싸우기는커녕, 4세기 초에는 '포상팔국의 난'으로 불리는 가야국끼리의 전쟁도 벌였고, 5세기 초 고구려가 남침하자 고령과 함안이 따로 전쟁을 치렀으며, 결국은 신라와 백제의 침략에 따로 따로 격파되어 멸망하였습니다. 동래와 창녕은 5세기 중반, 김해는 532년, 함안은 561년, 고령은 562년에 각각 신라에 통합되었습니다. 연맹체로 뭉쳐 함께 싸우다 함께 망한 것이 아닙니다. 이제 근거도 없고 설득력도 없는 '가야연맹설'의 주술에서 벗어날 때가 되었습니다.

문제는 가설의 사실화에서 끝나는 것이 아닙니다. '맹주'로 상정된 김해와 고령만이 전·후기 가야사의 전부였고, 다른 가야국들의 자율적인 역사는 살펴보려 하지도 않았던 것이 더 큰 문제였습니다. 그동안 허구의 '가야연맹설' 때문에 가야사 전개에서 아주 중요했던 한 나라의 역사가 과소평가되고 묻혀 버리게 되었던 것입니다. 지금 우리가 여행하고 있는 함안 아라국의 가야사가 바로 그렇습니다. 그런 의미에서 함안의 아라국은 '가야연맹설의 최대 피해자' 라고 할 수도 있을 것입니다. '가야연맹설' 은 아라국의 위상을 터무니없이 깎아내렸습니다.

중단 없는 대국(大國)

아라국은 전·후기에 모두 대국이었습니다. 후기의 위상은 앞에서 돌아보았던 말산리와 도항리의 고분군이 보여주는 위용과 《일본서기》가 전하는 6세기의 외교 관련 기술에서 잘 드러납니다만, 전기에도 마찬가지였습니다. 전기 가야의 사정을 가장 분명하게 전하는 《삼국지》는 3세기 후반까지 한강 이남에 있었던 마한 54개국, 변한 12개국, 진한 12개국 등 모두 78개 한국(韓國)의 이름을 전하는데, 그 가운데서 변진아야국(弁辰安邪國)으로 기록된 함안은 김해의 구야국(狗邪國)과 더불어 5대 대국의 하나로 기록되어 있습니다.

그러니까 조금 거칠게 말하면 함안의 아야국은 한강 이남의 78개국 가운데 랭킹 5위에 들 만한 큰 나라였다는 겁니다. 같은 기록에서 대국은 4～5천 가(家), 소국은 6～7백 가라고 했으니, 1가를 5명으로만 계산해도 3세기 후반의 아야국은 2만에서 2만5천 명의 인구를 가진 대국이었습니다. 현재 함안군의 인구가 5만뿐이니까 정말 엄청난 인구규모였다고 할 수 있을 것입니다.

이러한 아야국은 김해의 가락국과 해상교역권 쟁탈전을 벌이기도 합니다. 《삼국사기》와 《삼국유사》에 따르면, 서기 209년에 마산[骨浦] · 칠원[漆浦] · 고성[古史浦] · 사천[史勿]과 같은 김해 서쪽 바닷가의 여덟 나라(포상팔국)가 가락국(구야국)을 공격하는데, 보라국(保羅國)으로 표기된 아야국은 중심의 배후세력이 되었던 것으로 생각됩니다. 아야국이 배후에서 부추겼던 이 공격은 마찬가지로 대국이었던 김해가 혼자 막아낼 수가 없었습니다. 때문에 인접한 다른 가야도 아니고, 낙동강 건너의 신라에 구원을 요청할 수밖에 없었습니다.

한자식의 나라 이름인 안야(安邪)와 안라(安羅)를 왜 아야와 아라로 읽어야 하는지는 따로 이야기하겠습니다.

마갑총(馬甲塚)의 발견

1992년 6월 6일, 장맛비가 오락가락 하던 현충일에 함안 가야읍의 한복판에서 아라국을 지키던 기마전사가 1천5백여 년의 긴 잠에서 깨어나게 되었습니다. 말산리 · 도항리 고분군 능선의 북쪽 끝자락에서 진행되고 있던 한 아파트 건설현장에서 벌어진 일이었습니다.

아파트의 배수관 공사를 위해 굴착기로 땅을 파헤치는데, 퍼올린 흙더미 속에서 토기와 철기가 함께 나뒹구는 모습을 마침 신문배달하던 고등학생이 발견하였습니다. 이 소식은 다행히도 역사학을 전공했던 신문사 지국장에게 전해졌고, 함안군청에 신고됨으로써 역사적인 마갑총의 발견이 이루어지게 되었다고 합니다. 말의 갑옷이 발견된 무덤이라 마갑총으로 불리게 되었습니다.

마갑총이 발견된 해동아파트의 현장과 말산리 · 도항리 고분군은

마갑 출토 광경. 왼쪽 아랫부분은 굴삭기로 파괴됨._국립가야문화재연구소

사각형 본토를 제거하여 지하에 유구만을 보존하게 된 마갑총

경전선의 철로를 사이에 두고 있어 별개로 보이기도 하지만, 같은 능선이 철로와 도로의 개설로 단절되었을 뿐입니다. 마갑총 또한 아라국 왕릉묘역인 말산리·도항리 고분군의 하나로 생각하지 않으면 안 됩니다. 오히려 말산리·도항리의 대형무덤들이 높은 곳에

자리 잡은 석곽묘인 것과 달리, 마갑총은 낮은 곳에 위치한 목곽묘로서, 시대적으로 앞서는 인물의 무덤임을 알 수 있습니다. 가야의 무덤은 목곽에서 석곽으로 변하였고, 낮은 데에서 높은 데로 올라가면서 축조되었기 때문입니다.

마갑총의 주인공

마갑총의 발견이 왜 역사적인가 하면, 마갑의 원조라 할 수 있는 고구려에서도 발견된 적이 없고, 신라와 백제 그리고 다른 가야에서조차 이렇게 완전한 상태로 출토된 적은 없었기 때문입니다. 그러나 더 중요한 의미는 다른 데 있습니다. 이러한 마갑과 마갑총의 주인공을 추적함으로써, 5세기 초에 광개토대왕의 군대를 맞아 싸우던 아라국 전사의 모습이 되살려지고, 아라와 왜의 연합군이 신라를 공략하고 고구려가 신라 편에서 구원하던 고대 동아시아의 역동적인 역사가, 함안의 아라국을 중심으로 복원될 수 있기 때문입니다. 물론 주인공 왼쪽에 놓여있던 마갑은 굴삭기 때문에 절반 이상이 파손되었지만, 오른쪽의 갑옷은 완전하게 남았습니다.

말의 어깨에서 엉덩이까지 좌우 양쪽을 커튼처럼 드리우는 5~6단짜리 2줄로 1벌을 이루는데, 이런 모습은 북한 평양의 개마총[鎧塚]과 중국 집안의 삼실총(三室塚) 같은 고구려의 고분벽화에서 실감나게 묘사하고 있는 그대로입니다. 고고학자들의 연구에 따르면, 마갑총은 5세기 중반에 만들어진 무덤이라고 합니다. 따라서 마갑총의 주인공은 이미 5세기 초에도 활동하고 있었던 것으로 생각되는데, 5세기

광개토왕릉비와 필자

초라면 저 만주 대륙의 '광개토왕릉비'가 전하는 400년의 전쟁과 겹치는 시기입니다.

광개토왕릉비의 아라군

이 부분의 비문은 훼손이 심해 여러 가지 판독과 각양각색의 해석이 엇갈리고 있기도 하지만, 서기 400년에 고구려의 광개토대왕이 보병과 기병 5만을 보내 신라를 돕게 하였고, 신라성에 도착한 고구려군이 왜군을 깨뜨리고, 달아나는 왜군을 쫓아 임나가라를 치고, 아라국의 군사와 충돌하고 있는 것은 부인하기 어렵습니다.

특히 아라(安羅)의 표기는 짧은 하나의 문장 속에서 3번이나 반복되고 있습니다. 비문의 "안라인(安羅人)"을 '신라인을 안치하다'로 해석하는 연구자도 있지만, 광개토왕릉비의 비문은 한 문장에서 '안(安)'이라는 같은 동사를 3번씩이나 반복해 쓸 만큼 치졸한 문장이 아닙니다. 아라국을 가리키는 고유명사이기 때문에 3번씩이라도 반복해 쓸 수밖에 없었던 것입니다.

결국 5세기 중엽에 축조된 함안의 마갑총은 고구려 고분 벽화에 그려진 마갑의 실재를 보여주는 유일한 예가 됩니다. 그 실물이 유일하게 아라국 왕릉묘역에서 나왔다는 것은 서기 400년에 고구려와 벌인 전투에서 획득했을 가능성을 짐작케 합니다. 고구려의 영향을 받아 아라국에서 제작되었을 가능성도 배제할 수는 없지만, 자랑스럽게 전리품으로 보유하고 사용하던 주인공의 죽음과 함께 무덤에 넣어졌던 것으로 봄이 가장 타당할 것으로 여겨집니다. 이

기마인물상_국립경주박물관

러한 아라국 기마전사의 모습은 김해에서 출토된 국보 275호의 기마인물상 토기와 거의 닮았을 것입니다. 말의 좌우에 5단으로 된 마갑을 두르고 있는 기마전사의 모습입니다.

아라냐? 안라냐?

지금 아라가야의 고도(古都) 함안군에서는 가야국의 이름을 둘러싼 논쟁과 시비가 한창입니다. 아라가야 향토사 연구회를 비롯한 지역 사람들의 대부분은 예전부터 사용해오던 아라가야에 익숙하기 때문에 '아라'로 부르는 것이 옳다 하고, 함안 가야국의 역사와 문화를 전시하고 있는 함안박물관에서는 '안라'로 부르는 것이 옳다고 주장하는 모양입니다.

이렇게 되는 이유는 함안 가야국의 역사를 기록했던 역사책들의 한자표기가 두 가지로 갈리고 있기 때문입니다.

중국의 《삼국지》, 한국의 광개토왕릉비 · 《삼국사기》 · 《삼국유사》, 일본의 《일본서기》 · 《풍토기》 · 《신찬성씨록》 등에는 '아나(阿那)' · '아라(阿羅)' · '아야(阿耶)' 같이 기록된 것도 있고, '안나(安那)' · '안라(安羅)' · '안야(安邪)' 같이 기록된 것도 있습니다. 지명 어미 '나' · '라' · '야'는 모두 '나라'를 뜻하는 보통명사로, 양쪽의 표기도 같으니까 문제가 될 건 없습니다. 그러나 정작 신라와 같은 다른 나라나 가라(加羅) · 다라(多羅) 등과 같은 다른 가야국과 구별할 수 있는 나라 이름인 고유명사의 한자표기가 '아(阿)'와 '안(安)'으로 나뉘고 있는 것이 문제입니다.

아라가 옳습니다

당연히 1천5백 년이나 지난 가야 사람들의 목소리 녹음이 있을 리도 없으니까, 그때의 발음이 어떠했는지는 알 수 없지만, 한자표기에 대한 현대의 발음이 그렇게 다르다는 얘기일 뿐입니다. 함안의 가야국은 오직 하나였고, 그렇기 때문에 나라 이름도 하나였던 것이 분명합니다. 물론 같은 나라 이름이라도, 가야와 임나처럼, 스스로 부르던 이름과 제3자가 불렀던 이름이 각각 전혀 다를 수도 있지만, 이 경우의 '아라'와 '안라'는 너무나 비슷합니다. 같은 나라, 같은 발음이 다른 한자를 빌려 표기되었던 것으로 볼 수밖에 없습니다. 실제로 각각의 역사책들도 같은 책 안에서 '아라'와 '안라'를 섞어 쓰고 있기도 합니다. 두 가지의 한자표기에 대한 발음이 하나였다는 것을 알고 있었기 때문입니다.

그렇다면 과연 어느 쪽이 옳은 걸까요? 우선 현대의 한자음은 달라도 '아(阿)'와 '안(安)' 두 글자가 같은 음으로 발음되었던 것을 인정해야 합니다. 즉 '아(阿)'가 '안'으로 발음되었던 증거가 있든지, '안(安)'이 '아'로 발음되었던 증거가 있다면 될 것입니다.

일본의 아라신사

다행히도 이 문제를 풀 수 있는 실마리가 일본에 남아있습니다. 《일본서기》·《풍토기》·《신찬성씨록》 등과 같은 고대 일본의 문자기록과 아라국 사람들이 일본열도에 이주한 결과로 남게 되었던 지명이나 신사의 이름 등이 있습니다. 전자의 예로는 '안라(安羅)'·

아라신사, 편액 세부

'안나(安那)'와 같이 표기하고, '아라'·'아나'와 같이 읽히고 있는 것이 적지 않으며, 후자와 같은 예는 지금도 일본열도 곳곳에서 확인할 수 있습니다.

다리에 불꽃 모양의 창문이 뚫린 '메이드 인 함안'의 굽다리접시가 출토되는 오사카 남부의 가와치라든지, 교토 동쪽의 거대 호수 비파호(琵琶湖, 673.9제곱킬로미터) 남단에도 아라국 사람들이 이주해 신앙생활을 하던 아라신사가 남아 있습니다. 특히 비파호 남단 동쪽, 시가 현(滋賀県) 구사츠(草津) 역에 내리면 반경 5킬로미터 안에 '아라신사'라는 이름을 가진 신사가 무려 3개나 있습니다. 신사의 대문 격인 도리이에는 '안라신사(安羅神社)'로 새겨져있지만, 신관(神官)은 분명히 '아라진자'라 말하고, 유래를 알려주는 안내판에도 함안과의 관계를 설명하면서 '아라'로 표기하고 있습니다.

신의 매개자인 새가 앉는다 하여 도리이라 불리는 일본 신사의 정문이 우리의 솟대에서 유래되었다는 것도 유명하지만, 이 신사들이 있는 마을이름은 지금도 '아나무라(穴村)'입니다. 고대 일본의 기록에서 안나(安那)라 쓰고 '아나'로 읽는 것과 같은 경우입니다. 일본어에서도 안(安)은 '안'으로 발음될 수도 있습니다. 그럼에도 아라가야 관련의 기록과 지명 등은 '아'로 읽히고 있습니다. 결국 아라(阿羅)를 '안라'로 읽을 수는 없지만, 안라(安羅)를 '아라'로 발음했던 증거는 얼마든지 있습니다. 아라와 안라에 모두 통할 수 있는 발음은 '아라' 밖에 없기 때문에, 아라국으로 부르는 것이 옳은 것입니다.

34. 국제회의의 주역, 아라국

가야의 '누리마루'

2004년 10월 20일, 아라국의 옛터인 함안에서 묘하게 생긴 유적이 발견되었습니다. 남해고속도로에서 가야읍으로 들어가다 보면, 다리를 건너기 전에 왼쪽으로 함안중학교가 보입니다만, 그 뒤 야트막한 언덕에서 길이가 40미터에 너비가 16미터나 되는 거대한 건물터가 발견되었습니다. 연구자들은 땅을 파고 기둥을 세웠다 하여, '땅팔 굴(掘)', '세울 립(立)', '기둥 주(柱)'로 굴립주(掘立柱)라 부르기도 하고, 마루가 높이 달린 건물이라 하여, '높을 고(高)', '마루 상(床)'으로, 고상식(高床式)이라고도 부르는 건

아라국의 고당 추정지_동아세아문화재연구원

물터였습니다. 가운데는 지름이 110센티미터에서 50센티미터 정도 되는 아주 굵은 기둥이 일렬로 늘어섰고, 그 바깥쪽 둘레에는 43센티미터에서 33센티미터 정도 기둥들이 타원형으로 촘촘하게 둘려 있었습니다.

발굴조사를 담당했던 동아세아문화재연구원은 건물터의 크기나 모양으로 보아, 일반의 주거보다는 많은 사람들이 함께 모여 제사나 회의를 개최할 수 있는 특수 목적의 건물로 판단하고, 기둥둘레를 채워 다졌던 흙 속에서 가야토기가 출토된 것을 근거로, 서기 529년에 이곳 아라국에서 개최되었던 국제회의장으로 추정하였습니다. 《일본서기》에 따르면, 아라국왕은 가야 여러 나라와 왜 · 백제 · 신라의 사신들이 참가하였던 국제회의장으로 '고당(高堂)'을 새로 지었다고 전하는데, 바로 그 회의장이 이번에 발견되었다는 것입니다.

마침 현재의 지명도 당산(堂山)이고, 앞에서 둘러보았던 아라국 왕궁터와도 아주 가까운 거리에 있습니다. 왕궁터에서 동북으로 2킬로미터 정도 떨어져 있는 이 언덕은 당시에는 물가에 위치해 있어 경치가 빼어난 경승지였을 것으로, 지난번 부산에서 'APEC'이 열렸을 때 세계 정상들의 회의장이었던 해운대 동백섬의 누리마루와 입지(立地)나 역사적 성격에서 닮았다고 하면 지나친 과장일까요?

격동기의 국제회의

아라국에서 국제회의가 개최되던 6세기 전반은 격동의 시기였습니다. 아라국을 비롯한 가야 여러 나라를 둘러싼 주변상황은 신라의 서진과 백제의 동진을 동시에 감당해 내야할 만큼 급박해집니다. 신라는 532년까지 동래에서 낙동강을 건너, 김해(南加羅) → 진영(喙己呑) → 창원(卓淳)으로, 백제는 529년까지 섬진강을 따라 임실(上己汶) → 남원(下己汶) → 하동(滯沙)으로 남하하고, 섬진강을 건너 진주(南韓)로 각각 진출합니다. 신라가 진출한 창원과 백제가 진출한 진주는 함안 아라국의 바로 앞과 뒤입니다.

순망치한(脣亡齒寒)의 처지에 빠진 아라국왕이 가야 여러 나라를 회유하고 왜의 세력과 연계하면서, 백제와 신라의 침략을 막아보려 했던 외교적 노력의 하나가 고당회의(高堂會議)였던 것입니다. 이때 함안에 주재하면서 아라와 신라, 백제와 가야의 화해를 주선했던 왜의 사신들은 《일본서기》에서 '임나일본부(任那日本府)' 나 '아라일본부(安羅日本府)' 와 같이 표기되었습니다. 이에 대해서는 뒤에 따로 살펴보겠습니다만, 아라국왕의 의지에 따라 움직이던 친가야적인 왜의 사신들이었습니다.

아라국왕은 이들을 백제와 신라에 대한 외교정책 일선에 활용하고 있었습니다. 아라국을 비롯한 가야 여러 나라들의 배후에 왜왕이 있는 것처럼 보이게 하여, 백제와 신라의 침입을 막아 보려 했던 외교적 노력의 하나였습니다. 물론 이는 백제와 신라 사이를 오가는 줄타기 외교 같은 형태로 전개되기도 하였습니다. 신라가 낙동강을 건너면 백제와 친선외교를, 백제가 섬진강을 건너면 다시 신라와 친선외교를 추진하여, 각각의 군사적 침입을 막아보려고 했습니다.

눈물겨운 외교와 주최자 아라국왕의 위상

나라의 독립을 유지하기 위해 왜를 끌어들이고, 백제와 신라 사이를 오가는 외교적 노력은 참으로 눈물겹습니다. 그러나 그렇다고 해서 아라국왕의 위상이 그렇게 궁색한 것만은 아니었습니다. 《일본서기》가 전하는 바에 따르면, 가야 여러 나라는 아라를 형으로 받들었고, 백제왕의 초대에 응하지 않던 왜의 사신들은 아라국왕의 불허를 핑계로 내세우고 있습니다. 이와 달리 백제의 성왕은 왜왕에게 왜의 사신들이 아라국왕의 말만 듣고, 자신과 왜왕의 말을 따르지 않기 때문에 백제와 왜의 외교가 원활하지 못하다고 주장하고 있습니다.

또한 고당에는 아라국의 왕과 대신 1～2명, 그리고 왜의 사신들이 올랐을 뿐, 백제와 신라의 사신들은 몇 달에 걸쳐 여러 번 간청하

고당 추정지의 정비·복원된 모습

였음에도 끝내 오를 수가 없었고, 그리하여 이를 분하게 여긴 백제와 신라가 전쟁을 일으키도록 하는 원인이 되기도 하였습니다. 결국 아라국은 가야 여러 나라와 백제와 신라, 그리고 왜가 인정하는 대국이었고, 그 외교 실현의 구체적인 장소가 고당이었던 것입니다.

지금까지는 아라국 왕릉 남쪽의 성산산성을 고당의 옛터 제일의 후보지로 추정하고 있었으나, 이번 발견으로 또 하나의 유력한 후보지가 등장한 셈입니다.

35. '임나일본부'란 무엇인가?

《일본서기》 속으로

오늘은 유적을 찾아 떠나는 답사여행이 아닙니다. 서기 732년, 고대 일본에서 편찬된 《일본서기》 속으로 가는 여행입니다. 앞에서 잠깐 얘기했지만, 《일본서기》는 6세기 전반에 아라국왕이 함안에 고당이란 국제회의장을 세우고, 가야 여러 나라의 왕과 백제와 신라의 사신들을 불러들여, 외교적 현안을 논의하는 데 함께 참가했던 왜인들을 '임나일본부' 또는 '아라일본부'로 기록하고 있습니다. 물론 이러한 표현과 내용이 한국이나 중국의 역사책에는 전혀 보이지 않기 때문에, 단순한 창작이나 거짓으로 무시해버릴 수도 있습니다.

그러나 과거의 일본학계는 행정관청을 뜻하는 부(府)의 한자 표기에 집착하여, 고대의 일본이 4~6세기의 2백 년 남짓 한강 이남의 백제 · 신라 · 가야를 마치 근대의 식민지처럼 지배하였고, 그 통치기관으로 가야에 설치했던 것이 '임나일본부' 였다고 강변해 왔습니다. 물론 1960년대 말~1970년대 초의 대대적인 논쟁과 재검토를 거친 지금, 일본에서 역사학자로서 이러한 주장을 펴는 사람은 거의 없게 되었고, '임나일본부' 의 실체를 외교사절로 보는 것에 한일 양국의 학계가 어느 정도의 접근을 보이고 있는 것도 사실입니다. 그렇기 때문에 지금 와서 일본의 종래 주장이 옳으니 그르니 하는 것은 별로 의미가 없습니다.

가야 역사 연구의 보고

물론 일본의 중등학교 일본사 교과서의 일부에는 아직도 그와 같은 해석들이 남아 있고, 최근에는 과거의 주장을 역사적 사실처럼 서술한 우익의 일본사 교과서가 일본 정부의 검인정을 통과하고 있는 것도 사실이기 때문에, 일본의 역사왜곡에 대한 경계를 게을리할 수는 없습니다. 이러한 교과서의 문제가 한일 양국의 정치 · 외교적인 문제이고, 과거 일본학계의 주장을 극복하지 못했기에 이를 다시 생각해 보려는 것이 아니라 문제의 '임나일본부' 가 기록되어 있는 부분들은 바로 우리의 가야사를 되살릴 수 있는 귀중한 자료가 될 수 있기 때문입니다.

'임나일본부' 가 서술되어 있는 〈흠명기(欽明紀)〉는 일본사가 아니라 한국의 역사책과 같은 느낌입니다. 좀 부풀리면 일본 관련의 기록은 흠명왕의 즉위와 장례에 관한 정도에 지나지 않고, 대다수가 고구려 · 백제 · 신라 · 가야에 관한 기술로 채워져 있는데, 그 대부분은 다시 가야에 관련된 기술들입니다. 더구나 《삼국사기》나 《삼국유사》에는 아예 없는 내용들이 가득하기 때문에, 잘만 활용한다면 새롭고 풍부한 가야의 역사와 문화를 되살릴 수 있게 될 것입니다.

다만 그러기 위해서는 넘지 않으면 안 될 장애물이 있는데, 그 첫 번째가 바로 '임나일본부'의 문제입니다. 이 문제를 해결하지 못한 채 《일본서기》에 의존하여 가야사를 복원한다는 것은 오히려 고대 일본의 가야 지배사를 드러내는 결과가 되기 쉽기 때문입니다. 올바른 가야사 복원의 자료를 얻기 위해서도, '임나일본부'란 장애물은 넘어야 합니다.

과거의 허망한 생각들

'임나일본부'의 실체에 대해서는 고대판 총독부와 같이 본 과거 일본의 주장도 있었고, 한반도가 아니라 일본열도에서 일어난 일로, 지금의 오카야마에서 히로시마(広島) 동부 사이에 세워졌던 가야 계통의 분국(分國)인 임나를 둘러싸고, 규슈 북부의 백제계 분국, 규슈 동부의 신라계 분국, 나라 · 오사카의 왜국이 쟁탈전을 벌인 결과, 승리한 왜국이 일본열도에 세웠던 통치기관으로 보는 북한학계의 해석도 있었습니다.

또한 북한의 비판에 자극받아 가야에 이주해 살던 왜인들의 자치적 행정기관으로, 일본의 왜왕과는 전혀 무관하다는 일본인 연구자의 수정론도 있었고, 고 천관우 선생처럼 원래는 백제가 가야에 세웠던 군사령부 같은 것이었는데, 《일본서기》가 백제를 일본으로 바꿔버렸다는 해석도 있었습니다. 같은 《일본서기》의 관련 기록에 대한 나름대로의 해석들이지만, 통치나 행정 또는 군정(軍政)을 위한 기관으로 해석했던 것에는 별반 차이가 없었습니다.

그러나 시중에는 우리말로 번역된 《일본서기》도 있으니까 지금이라도 한번 훑어보시기 바랍니다. 《일본서기》에는 모두 23번의 '일본부'라는 말이 나옵니다만, 왜 이런 해석들이 있었는지 도무지 이해할 수 없을 것입니다. 만약 그러한 주장대로 왜의 통치기관이나 백제의 군정기관이었다면, 왜나 백제가 가야에서 세금을 거두거나 군사를 동원하고, 소와 말을 징발하거나 가야의 왕과 인민을 강제하는 것 같은 기술들이 있어야 할 것입니다. 그러나 그러한 기록은 단 한 자도 보이지 않습니다. 오로지 외교활동에 관한 것들뿐입니다. 왜 그렇게 유명한 한·일의 석학들이 이런 어처구니없는 해석을 했던 것일까요? 국가와 시대라는 콩깍지에서 벗어나지 못했기 때문이었습니다.

'임나일본부'의 실체

이렇게 과거 한국과 일본의 학계가 '임나일본부'에 대해 얼마나 허망한 해석을 해왔던가를 아주 간단하게 비판했고, 이도 저도 다 아니라고 했습니다. 그러니 이제 제가 생각하는 '임나일본부'의 실체에 대해 이야기할 차례입니다.

우선 글자풀이부터 하겠습니다. '임나일본부'는 임나+일본+부의 합성어입니다. 임나를 백제 · 신라 · 가야를 아울러 신하의 나라로 다루기 위한 《일본서기》의 창작 또는 일본의 오카야마나 대마도(対馬島)로 보려는 생각도 있습니다만, 그나마 사실이 반영되어 있는 부분은 임나가 가야를 가리키는 것입니다. 임나는 《일본서기》뿐만 아니라, 고구려의 광개토왕릉비(400)와 《삼국사기》〈강수전(強首傳)〉(7세기), 그리고 창원에서 봉림사를 창건했던 진경대사탑비(932)에도 보이기 때문입니다. 광개토대왕의 대군을 맞아 싸운 임나도 가야였고, 신라의 외교문장가로 유명한 강수의 출신지 임나도 가야였으며, 속세의 성이 김해 김씨였던 신라의 진경대사는 임나왕족의 후예로 기록되었습니다. 이 임나 모두를 고구려와 신라 사람이 표기한 가야로 보는 데에는 다른 해석이 있을 수 없습니다.

다음으로 '일본(日本)'은 당시의 용어가 아닙니다. 일본이란 국호가 처음으로 확인되는 것은 660년입니다. 작다는 뜻의 왜를 꺼려해 뜨는 곳의 나라, 일본으로 바꾸었답니다. 그 어원이 된다는 '해 뜨는 곳'이란 일출처(日出處)도 600년 이전에는 없었습니다. 그런데도 '임나일본부'는 562년까지 보이니까, 원래는 왜였던 것을 732년에 편찬되는 《일본서기》가 일본으로 바꿔 쓴 것입니다. 결국 문제는 아무리 봐도 관청을 뜻하는 것 같은 '부(府)'에 있습니다.

일본 지도교수의 과제

저도 처음에는 그런 줄 알고 일본유학을 시작했습니다. '임나일본부'의 문제를 해결하고 가야사를 복원해 보겠다고 와세다 대학

(早稲田大学) 도서관 서고에서 7년 반의 세월을 보냈습니다. 미즈노 유우(水野祐)라는 할아버지(?) 지도교수를 처음 만났을 때였습니다. 《일본서기》를 공부하러 왔다고 하니까 인쇄된 책 말고, 필사본과 주석서를 살펴보라는 것입니다. 732년에 처음 편찬된 원본은 없지만, 9세기 이후의 것들은 여러 곳에 흩어져 있었습니다. 그런데 일본의 교통비가 좀 비싸야지요. 저는 도쿄에 있었지만, 필사본은 후쿠오카(福岡)에도 있고, 오사카에도 있었습니다. 지도교수가 처음 내준 과제라 안 할 수도 없고 해서, 가난한 고학생 주머니 사정에 집사람 눈치를 보아가며 찾아다녔습니다. 그러다가 '부'의 실체를 풀 수 있는 실마리를 발견했던 것입니다.

보통 일본어에서 관청을 뜻하는 '부'는 '후'로 발음됩니다만, 필사본과 주석서들에는 '미코토모찌(御事持)'로 읽으라고 되어 있습니다. 찹쌀모찌는 아닐테고, 무슨 모찌라고? 당시는 일본어가 서툴러 가나의 뜻은 몰랐습니다만, '임금 어(御)', '일 사(事)', '잡을 지(持)'가 눈에 확 들어왔습니다. 임금의 일을 받드는 '사람'이라고? 학교로 돌아와 '미코토모찌'를 찾아보니까, 645년 이전까지는 왕이 지방에 단순히 일회성으로 보내는 사신이었습니다.

결국 562년을 마지막으로 사라지는 '임나일본부'는 임나, 그러니까 가야에 파견된 일본, 그러니까 왜의 사신으로 밝혀지게 되었고 점차 한일 양국의 공통된 해석으로 자리 잡아가고 있다고 보입니다.

가야적 이해관계의 대변자

이제 '일본부'로 표기된 왜의 사신들이 백제에도 가고 신라에도 가는 것이며, 그들에 관련된 기술들에서 외교활동의 내용 이외에 통치나 군정 등에 관한 내용이 보이지 않는 이유를 알게 되었습니다. 아울러 이들 활동의 커다란 변화는 과거처럼 왜나 백제 중심으로는 도저히 설명되지 않습니다.

이들의 활동은 백제의 하동진출(529)과 신라의 김해통합(532)을 전후로 완전히 반대로 바뀌고 있습니다. 529년과 532년 이전에는 친백제·반신라적 활동을 펼치다가, 이후가 되면 반백제·친신라의 외교를 전개하고 있습니다. 한국의 주장처럼 백제의 군사령관이 반백제할 리도 없고, 일본의 주장처럼 이러한 외교노선의 변화가 왜왕에게 도움 되는 것도 아니었습니다. 이때의 왜왕은 백제 선진문물의 수입에만 관심을 두었을 뿐입니다.

신라가 낙동강을 건너 서쪽으로 진출할 때는 백제와 가깝게, 다시 백제가 섬진강을 건너 동진할 때는 친신라의 외교를 펼쳤던 것입니다. 이러한 외교노선의 변화는 왜도 백제도 아닌, 가야의 독립유지라는 이해관계로만 설명될 수 있습니다. 이 외교활동의 중심에는 '일본부', 그러니까 왜의 사신들이 머물고 있던 아라국이 있었습니다. 낙동강 건너 김해·창원은 함안 아라국의 바로 앞이고, 섬진강 건너 진주는 바로 뒤입니다. '일본부'들이 아라국왕의 말만 듣고 있다는 백제 성왕의 불평이나, 가야 여러 나라가 아라국을 형님처럼 여겼다는 기술은 아라국 중심으로 전개되었던 가야의 독립

오사카 남부 가와치에 있는 가라쿠니 신사 – 아라일본부로 표기된 가야계 사람 하내직(河内直)의 고향

유지라는 치열한 노력을 보여주는 것입니다.

왜의 사신인 '일본부'들이 어째서 가야를 위해 활동하고, 왜왕이 아닌 아라국왕을 따르게 되었던가는 그들의 출신에서 설명될 수 있습니다. 이들은 조상대에 일본에 건너갔던 가야의 후예들이었습니다. 가야의 언어와 풍습에 익숙한 장점에서 왜왕의 외교사절로 가야의 임나(김해)와 아라(함안)에 파견되었지만, 시간이 흐르면서 가야의 이해관계를 대변하게 되었고, 아라국왕은 왜의 사신을 내세워 신라와 백제의 침입을 막아보려 하였습니다.

고대 일본의 지배를 강조하려던 《일본서기》의 기술 속에서 전혀 새롭고 자율적인 가야사를 되살릴 수 있게 된 것입니다.

고성

(고자국)

36. 경남 고성의 가야국

작은 가야라고요?

오늘은 이야기 가야사 여행의 종착역이 될 경남 고성을 찾아 갑니다. 마산에서 진동을 지나, 고성터널을 빠져 나오면 공룡(?)들이 반기는 고성 들판이 펼쳐집니다. 세계적으로 유명한 상족암의 공룡 발자국을 밑천으로 공룡잔치에 열중하고 있는 오늘의 고성입니다만, 동물 아닌 사람의 역사로 가야국의 하나가 우리 고대사의 중요한 장면을 연출하고 있었음도 기억해야 합니다.

고성에 자리했던 가야국의 이름으로는 고자미동국(古資彌凍國, 《삼국지》), 구(고)차국(久(古)嵯國, 《일본서기》), 고사포국(古史浦國, 《삼국사기》), 고자국(古自國, 《삼국유사》), 그리고 소가야(小伽耶) 등이 전해지는데, 대가야와의 대비 때문인지, 《삼국유사》를 편찬한 일연스님 때문인지는 몰라도 아마 '소가야'라는 이름이 가장 친숙할 것으로 생각됩니다.

그런데 고성의 가야국에 관한 여러 이름들을 가만히 살펴보면 이상한 점이 있습니다. 소가야 혼자 특별하고, 나머지는 고자 · 고차 · 고사처럼 모두 통하는 이름들입니다. 그런데도 다수의 고자국보다 한 가지뿐인 소가야가 세력을 얻어 널리 통용되고 있는 것입니다. 고려의 《삼국유사》와 그를 답습했던 조선시대의 지리지들 때문입니다. 더구나 고성의 가야인들 스스로가 자기네 국명으로 소가야를 사용했을 것 같지는 않습니다. 아무리 작은 나라라도 자기를 '작은' 가야로 불렀을 리는 만무합니다. 대한민국의 '대'와 '한'은 '클 대(大)' 자와 크다는 뜻의 우리말 'ᄒᆞᆫ'이 겹쳐 쓰인 것입니다. 작은 나라일수록 크다고 주장하는 것이 인지상정일 것입니다.

소가야 아니 '쇠가야'의 흔적

소가야는 '쇠가야'가 잘못 전해진 것으로 생각됩니다. 그럴 만한 근거도 있습니다. 《삼국사기》에 따르면, 신라의 경덕왕은 고자군(古自郡)을 고성군(固城郡)으로 바꾸었고, 《신증동국여지승람》은 한때의 지명이 철성(鐵城)이었음을 전하고 있습니다. 고성과 철성은 '쇠처럼 단단한 성'입니다. 지금도 '소고기'와 '쇠고기'는 서로 통합니다. 따라서 소가야는 '작은 가야'가 아니라, '철의 가야'였습니다. 이러한 문헌적 추론은 전 · 후기의 가야사에서 보여주는 고자국의 위세와, 고성읍 중심에서 발굴되었던 동외동 패총 유적에서도 증명됩니다.

1974년, 부산 동아대박물관은 패총 유적의 아랫단에서 넓이 3×1.5미터, 두께 2~5밀리미터의 야철지(冶鐵址)를 발견하였고 1995년, 국립진주박물관은 패총 유적 윗단 중앙부의 제사 유적에서 두 마리의 새가 마주보고 있는 청동 장식을 발굴하였습니다. 전자가 1~3세기 쇠가야의 제철이나 야철을 보여주는 것이라면, 후자는 그것을 다스리던 4세기쯤의 지도자의 존재를 보여줍니다.

이러한 쇠가야 고자국의 성장은 3세기 전반에 사천(사물국) · 함안(아야국) · 칠원(칠포국) · 마산(골포국) 등과 함께, 김해 가락국의 해상

야철 유적(왼쪽)_동아대박물관, 새 무늬 청동기(오른쪽)_국립김해박물관

교역권 독점에 도전하고 있는 양상으로 나타납니다. 《삼국사기》와 《삼국유사》가 3세기 전반의 일로 전하는 이른바 포상팔국의 전쟁이 그것입니다. 이전까지 고성 지역에 분포하던 고인돌의 청동기문화를 통합하고, 철기문화 단계로서 가야국의 출발을 보여주는 것이 동외동 유적이고, 그 나라의 이름은 고자국이었습니다.

해상왕국의 흔적

동외동 유적에서는 중국제 청동거울의 파편이나 토기와 함께, 왜계통의 청동창과 토기들도 출토되었습니다. 이른 시기부터 대외교역이 활발하였음을 보여주는 증거들입니다. 이러한 특징은 고자국의 이름에도 남아있다고 생각합니다.

일찍이 고자·고차·고사 등의 어원을 곶·곶·곳으로 보아, 고자국을 '곶(곳)의 나라'로 보았던 해석이 있었습니다. 곶은 장산곶이나 장기곶처럼 바다로 튀어 나간 고성반도의 형상과 잘 어울리

거류산성에서 내려다본 고성만과 읍내

는 이름입니다. 바닷가에 인접해 곶곶에 만곡이 심한 고성의 자연 지리적 특징에서 비롯된 국명으로 짐작됩니다. 통영까지 튀어나간 고성반도의 지형은 해상왕국의 면모를 가지고 있던 고자국의 이정표가 되기에 충분하였고, 드디어는 국명으로 정착하게 되었던 것으로 여겨집니다.

3세기 전반에 중국과 일본으로 나가는 해상교역권 쟁탈전의 양상으로 진행되었던 포상팔국 전쟁에서 고자국, 즉 '곶 나라'가 고사포국(곶과 포구의 나라)으로 표기되었던 것은, 이러한 지형과 해상왕국의 면모를 아울러 보여주는 것으로 생각됩니다.

고성에서 서울까지

서울에서 경남 고성 스타일의 가야토기가 출토되었다면 믿을 수 있겠습니까? 요 몇 해 동안 유적의 보존문제와 개발논리의 첨예한 대립으로 화제가 되기도 했던 서울 한강가의 풍납토성에서 가야토기 5점이 출토되었습니다. 완형은 아니지만, 그릇받침과 뚜껑의 파편은 누가 봐도 고성 스타일이 분명합니다. 그동안 우리가 둘러보았던 김해, 고령, 창녕, 함안 등의 가야토기에 드러난 뚜렷한 지역적 컬러처럼 고성 가야국만의 특징이 있습니다.

고성·사천식 또는 소가야식으로 불리는 토기입니다. 가운데가 둥글게 부풀어 오른 뚜껑, 수평의 입 가장자리나 뚜껑턱받침, 다리 부분에 삼각 또는 사각으로 길게 뚫은 창문, 부드럽게 퍼져 내리는 다리를 크게 한 번 접어 넓은 단을 지운 굽이 특징입니다.

이러한 토기가 초기 백제의 왕성으로 여겨지는 풍납토성에서 출토되었다는 것은 고성의 가야왕권과 서울의 백제왕권 사이에 일정한 교류가 있었음을 보여주는 것입니다. 가야토기와 출토되었던 유

진주 가좌동 1호분 출토 고성 사천식 굽다리접시(왼쪽)_국립김해박물관
풍납토성 출토 외래계 토기 가운데 고성 토기, 앞에는 파편들(오른쪽)_한신대박물관

구에 대한 연대추정을 거쳐 5세기쯤의 역사적 사실로 생각되고 있습니다.

고자국의 전성시대

5세기 대의 고자국과 한성 백제의 교류를 전하는 문자기록은 전혀 없습니다. 그러나 전후의 관련 사실에서 교류의 가능성은 충분히 있다고 할 수 있습니다. 한때 고대 한일 관계사의 최대쟁점이었던 칠지도(七支刀) 명문과 《일본서기》의 관련 기술에서, 4세기 후엽에 백제(서울)가 일본열도의 왜와 왕권 차원의 교류를 시작했던 일은 유명하고, 6세기 백제(부여)의 성왕이 남부가야에서 왜와 외교교섭을 펼치고 있었던 것 또한 《일본서기》에 상세하게 나와 있습니다. 4세기 후엽에는 창원의 탁순국이, 6세기에는 함안의 아라국이 각각 매개자로 기술되어 있습니다.

결국 신라에 통합될 때까지 백제와 왜의 외교교섭은 남해안 가야국들의 중간자적 구실로 원만히 진행될 수 있었습니다. 그렇기 때문에 5세기 대 고성의 가야토기가 한성시대의 백제 왕성에서 출토되는 것은, 백제와 왜의 초기교섭에 남해안의 고자국이 깊이 관여하고 있었던 증거로 해석하는 데 별 무리가 없을 것입니다.

5세기 대의 고자국에는 그럴 만한 실력이 있었습니다. 5세기에서 6세기 전반에 걸치는 고성 스타일의 토기는 북으로 함안(오곡리 고분군) · 의령(천곡리 고분군) · 합천(저포리 고분군, 삼가 고분군)으로 뻗치고, 북서쪽으로는 진주(가좌동 고분군, 우수리 고분군, 귀곡동 고분군)로 진출하여, 경호강을 따라 산청(중촌리 고분군, 명동 고분군, 묵곡리 고분군, 옥산리 고분군) · 함양(손곡리 고분군)을 거쳐, 남원(월산리 고분군, 건지리 고분군) · 장수(삼고리 고분군)의 전북 지역까지 북상하고 있습니다.

이러한 모든 지역을 고자국의 영역으로 생각할 수는 없겠습니다만, 5세기쯤에 떨치고 있던 고자국의 높은 위상을 짐작하기에는 충분하다고 생각됩니다.

고성 송학동 고분군

고자국은 5세기 후반이 되면 대가야(고령)의 팽창으로 위축되기도 하지만, 6세기 전반까지도 동쪽으로 마산을 건너다보는 동해면(내산리 고분군), 서쪽으로 영오면(연당리 고분군, 영대리 고분군) · 사천(예수리 고분군) · 하동(고이리 고분군)에도 그 세력을 유지하고 있습니다. 특히 진주에서는 남강을 경계로 북쪽의 수정봉 고분군, 옥봉 고분군이 모두 대가야 계통으로 바뀌고 있음에도, 강 남쪽의 가좌동 고분군은 여전히 고성의 색채를 유지하고 있습니다.

바로 이 시기에 고자국 왕권의 실재와 위상을 보여주는 것이 고성 읍내에 있는 송학동 고분군입니다. 말끔하게 정비된 3개의 거대한 봉분은 보는 이들을 압도하고 있습니다. 고분군 옆에서 공사 중인 박물관이 완성되면 여러분들도 쉽게 그 내용을 살펴보게 되겠지만, 1999년부터 2002년까지 진행된 발굴조사는 이 고분군을 둘러싼 그동안의 논쟁과 국제적이었던 고자국 최고 지배자의 모습을 보

1 송학동 고분군 발굴조사 광경. 오른쪽 덮개 씌운 곳이 석실분. **2** 1B-1호분 주칠한 천정
3 유물 출토 모습 **4** 곡옥 _동아대박물관

여주게 되었습니다.

읍내에서 바라보는 고분군의 외형이 일본 왕릉 같다는 추정과 그에 따른 과장된 해석 또한 말끔하게 해소되었고, 먼저 인공 산을 만들어 필요할 때마다 다시 파 들어가면서 무덤을 만들었던 고성만의 축조방법도 확인되었습니다. 천장에 붉은 칠을 한 석실분과 거기에서 출토된 유물들은 왜 계통의 강한 색채를 보여주고 있습니다. 발굴단은 출토된 유리구슬과 목걸이들 때문에 여성의 무덤이라고 추정하고 있으며 고자국왕에게 시집왔던 왜의 여인이 아니었을까 생각해 봅니다.

여행을 마치면서

못 다한 발걸음

제법 시간이 걸렸습니다. 이야기로 떠나는 우리의 가야사 여행도 어느 정도 부피를 가지게 되었습니다. 가야의 유적과 거기에 얽힌 가야 사람들의 사연을 따라 부산과 경남, 그리고 경북과 전북의 여러 곳을 돌아다녔습니다. 가야사의 고향 김해에서 시작해, 동쪽으로 낙동강을 건너 부산에 들렀다가, 경북 고령으로 올라가 전성기의 가야를 노래했습니다. 다시 남하하면서 합천의 해인사에 자리한 가야산신의 내력과 옥전 다라국의 역사도 들여다보았습니다. 창녕에서는 비사벌국과 진흥왕순수비가 전하는 신라 진출의 역사를, 낙동강 건너 함안에서는 전기와 후기 모두 대국이었던 아라국의 역사를 고구려나 고대 일본과의 관계를 살피면서 되살려 보았습니다. 그러다가 '소가야'가 아닌 '쇠가야' 고성에서 일단 이번 이야기 여행의 보따리를 내려놓기로 하였습니다.

남쪽으로 독로국(瀆盧國)이 있었던 거제에도 가야했고, 서쪽으로 사물국(史勿國)의 사천과 다사국(多沙國)의 하동에도 가야했습니다. 사이기국(斯二岐國)의 의령과 가야금 12곡의 작곡자 우륵의 고향인 산반해국(散半奚國)에도 가고 싶었고, 서부 경남의 산청 · 함양 · 거창, 섬진강 줄기의 곡성과 구례를 거슬러, 전북의 남원 · 임실 · 장수 · 진안까지도 돌아보고 싶었습니다. 무엇보다도 일본열도 곳곳에 남아있는 가야인의 발자취에 대해 별로 얘기하지 못한 것이 마음에 걸립니다. 그렇다고 제가 사는 김해에서 가까운 탁순국(卓淳國)의 창원이나, 골포국(骨浦國)의 마산, 그리고 부산 기장의 장산국

(萇山國)의 이야기를 다한 것도 아니지만, 이번 가야사 여행은 일단 이쯤에서 접어야 할 것 같습니다.

새 형식의 가야사 개설

개인적인 일입니다만, 저는 1983년에 가야사에 대한 석사학위논문을 냈더랬습니다. 어느덧 4반세기가 흘렀는데, 그때까지만 해도 가야란 이름의 연구논문은 모두 합해야 10여 편에 지나지 않았습니다. 그렇기 때문에 가야사는 '잃어버린, 신비의, 수수께끼의' 같은 수식어로 꾸며지기가 쉬웠고, 6백 년의 가야 역사라 해도, 가야금밖에는 별로 아는 것이 없었을 정도였습니다. 그러나 지난 4반세기 동안 가야사 연구는 혁명적으로 발전하였고, 이제 그 축적도 적지 않습니다. 그래서 가야사가 아니더라도 한국사 연구자라면 누구나 근래 가야사 연구의 비약적인 발전에 고개를 끄덕이지 않을 수 없게 되었습니다.

간단한 연표 정도가 전부였던 시절의 가야사는 X선 사진과 같이, 그다지 매력적이지 못했습니다. 그러나 그동안의 연구축적 때문에 이젠 제법 살도 오르고, 옷가지로 치장도 할 수 있는 모양으로 변하고 있습니다. 이제는 일반 시민이 흥미를 가질 수 있을 정도가 되었고, 그래서 대중에게 다가갈 수 있겠다는 생각이 들었습니다. 조금 거창하게 말한다면, 가야사에 관한 최신의 정보를, 가장 쉽게 전달해 보겠다는 욕심에서 이번의 여행을 시작하게 되었던 것입니다. 어떻게 어느 정도 비슷하게 된 것 같기는 합니까?

미래의 가야사를 위하여

그렇다고 해서 지금까지의 글들이 단순한 흥미와 전파만을 위한 여행기는 아니었습니다. 지금까지 말씀드린 것은 바로 '이영식이 생각하는 가야사 개설'이었습니다. 우리 국사 교과서는 아무런 근거도 없이 가야를 하나의 운명공동체와 같은 '가야연맹'으로 가르쳐 왔습니다. 그러나 우리가 살펴본 대로 12개국 이상이나 되는 가야의 여러 나라는 서로 다른 특징으로 구분되는 역사와 문화를 이룩했고, 그리스 도시국가의 연맹처럼 함께 힘을 합해 고구려·백제·신라의 삼국과 싸우거나, 함께 일시에 망했던 것도 아니었습니다. 그렇기 때문에 가야사 개설은 가야 각국사로 쓰는 것이 가장 적합할 것으로 생각했고, 각국의 역사는 각 지역에 남아있는 가야 유적을 따라가며 살펴보고 이야기하는 것이 좋겠다고 생각했습니다.

물론 이것으로 우리의 가야사 여행이 끝나지 않는 것처럼, 참으로 많은 가야사 연구의 과제들이 구름처럼 쌓여 있는 것도 사실입니다. 그렇다고 해서 조급해 할 필요는 없습니다. 이미 천오백 년을 기다려온 가야사입니다.

어느 소설가가 외치고 있는 모양입니다만, '제4제국'이라니요? 요즈음 가야가 좀 잘 나간다 해도 제국은 아니었고, '4국시대'라는 말도 정당한 것이 아닙니다. 우리 고대사에는 고조선을 이은 천년 왕국의 부여도 있었고, 옥저·동예·탐라 등의 역사도 있었습니다. 4국이라 하여 부여사를 제외한다면 중국의 동북공정을 꾸미는 사람들이 좋아할지도 모르겠습니다. 또 통일되면 부여사를 넣어 다시

'5국시대'로 해야 할까요? '제4'나 '4국시대'는 지금까지 '3국시대'라는 말 때문에 가야사가 차별받던 것과 아주 똑같은 논리와 역사인식입니다.

역사연구에 특별한 자격이 있는 것은 아니지만, 아마추어들의 과장도 문제이고, 지역발전이나 시청률이라는 이름으로 그를 부추기는 정책이나 방송도 문제입니다. 모두 가야사를 올바르게 복원하는 데 걸림돌이 될 뿐입니다. 진정한 가야사는 기록과 유물이라는 사료로 하여금 스스로 말하게 하는 것에서부터 되살아나야 할 것입니다.

참고문헌

이영식 외, 《이야기 한국고대사》, 청아출판사, 2007.

조영제, 《옥전고분군과 다라국》, 혜안, 2007.

이용현, 《가야제국과 동아시아》, 통천문화사, 2007.

고령군 대가야박물관 편, 《대가야 들여다보기》, 계명대한국학연구원, 2006.

한일관계사연구회 편, 《한일관계이천년 —고 · 중세편—》, 경인문화사, 2006.

고령군 대가야박물관 편, 《악성 우륵의 생애와 대가야의 문화》, 계명대한국학연구원, 2006.

김정배 편저, 《한국고대사입문》 1 · 2, 신서원, 2006.

박창희, 《살아있는 가야사 이야기》, 이른아침, 2005.

교육부 가야사복원정책위원회 편, 《가야, 잊혀진 이름 빛나는 유산》, 혜안, 2004.

권주현, 《가야인의 삶과 문화》, 혜안, 2004.

부산대 한국민족문화연구소 편, 《가야고고학의 새로운 조명》, 혜안, 2003.

남재우, 《안라국사》, 혜안, 2003.

백승옥, 《가야각국사연구》, 혜안, 2003.

김세기, 《고분자료로 본 대가야 연구》, 학연문화사, 2003.

부산대 한국민족문화연구소 편, 《한국고대사 속의 가야》, 혜안, 2001.

부산대 한국민족문화연구소 편, 《가야각국사의 재구성》, 혜안, 2000.

정중환, 《가라사연구》, 혜안, 2000.

연민수, 《고대한일관계사》, 혜안, 1998.

인제대 가야문화연구소 편, 《가야제국의 왕권》, 1997.

부산경남역사연구소 편, 《시민을 위한 가야사》, 집문당, 1996.

인제대 가야문화연구소 편, 《가야제국의 철》, 1995.

경상북도, 《가야사연구 ―대가야의 정치와 문화―》, 1995.

조희승, 《가야사연구》, 평양:사회과학출판사, 1994.

김병모, 《김수로왕비 허황옥》, 조선일보사, 1994.

이영식, 《가야제국과 임나일본부》, 도쿄:길천홍문관, 1993.

김태식, 《가야연맹사》, 일조각, 1993.

다나카 도시아키(田中俊明), 《대가야연맹의 흥망과 임나 ―가야금만 남았다―》, 도쿄:길천홍문관, 1992.

이종기, 《가락국탐사》, 일지사, 1977.

김석형, 《초기조일관계사》, 평양:사회과학출판사, 1966.

스에마쓰 야스카즈(末松保和), 《임나흥망사》, 도쿄:길천홍문관, 1949.

소장처를 밝힌 사진은 해당 기관의 허가를 받아 실은 것입니다. 사진 사용을 허락해주신 분들께 감사드립니다.